Von Null auf Garten

Von Null auf Garten

planen • pflanzen • freuen

LUCY BELLAMY

MIT FOTOS VON JASON INGRAM

Aus dem Englischen von Nina Kavelar

„Die Bewohner eines Planeten ohne Blumen würden denken, dass wir immer überglücklich sein müssten, so etwas um uns herum zu haben."
IRIS MURDOCH

UMSCHLAG *Allium hollandicum* 'Purple Sensation'
SCHMUTZTITEL *Astrantia major* 'Elmblut'
SEITE 2 *Anemone* x *hybrida* 'Hadspen Abundance', *Panicum virgatum* 'Shenandoah', *Sanguisorba* 'Red Buttons'
SEITE 3 *Allium spherocephalon*
RECHTS *Geranium* 'Brookside', *Salvia nemorosa* 'Amethyst', *Rudbeckia occidentalis*, *Stipa tenuissima*

INHALT

Der Agavenblättrige Mannstreu,
der Bleiche Scheinsonnenhut
und das Patagonische Eisenkraut
wachsen im Einklang miteinander.

EINLEITUNG

Fleischige Fetthennen mit flachen Blütenständen in rosa- und maulbeerfarbenen Tönen; Zittergras mit hauchzarten Blüten; Dolden auf kräftigen Stängeln; Götterblumen und Rittersporn; dorniger Mannstreu und spitze Blütenkerzen.

In der Welt der schnellen Instant-Gärten ist ein bunter, wilder Garten eine Alternative. Mit wenigen Werkzeugen und ein paar Ideen kann man in nur einem Jahr aus dem Nichts einen Garten voller Blüten und Bienen entstehen lassen – ein ungezähmtes Stück Natur, das sich innerhalb weniger Monate entwickelt und Käfern, Vögeln und Schmetterlingen Zuflucht bietet; das an unberührte Landschaft erinnert, wild und grün, und das direkt vor der eigenen Haustür liegt.

In Ihrem Garten befinden sich vielleicht ein verdorrter Rasen, ein klappriger Zaun und eine widerspenstige, einst in Form gezwungene Hecke oder ein paar schmale, unförmige Rabatten mit Einzelpflanzen in nackter Erde. Aber ganz gleich, ob Ihr Garten alt oder neu ist – in einem Jahr wird er nicht mehr derselbe sein, selbst wenn Sie rein gar nichts machen. Alle Gärten, auch die naturbelassenen, verändern sich ständig. Einen Garten durch Schneiden und Jäten immer gleichförmig zu halten, ist eintönig und aufwendig. Bei langsam wachsenden, neuen Pflanzen ist der Boden erst kahl, dann kommt das Unkraut. Und niemand würde gerne gärtnern, wenn man ständig jäten müsste.

Von Null auf Garten ist eine andere Methode, mit weniger Gießen und Jäten – mit weniger Arbeit. Sie sorgt für eine blühende Gemeinschaft aus naturnahen und luftigen Pflanzen, mit Bewegung, Rhythmus und Farbtupfern; eine harmonische Struktur aus Blumen, die im Frühling und Sommer durchgehend blühen, bevor sie sich in eine robuste Wintersilhouette verwandeln. Hier finden Sie Früh- und Spätblüher bunt miteinander verwoben, die Kurzlebigen mit den Standhaften, die Großen stützen die Zarten; jede Art hat genügend Platz, passende Nachbarn und wächst jedes Jahr aufs Neue. Der Verzicht auf Insektizide bringt eine Vielfalt an Marienkäfern, Florfliegen, Honigbienen und Schwebfliegen. Die Nützlinge erfreuen sich an Pollen und Nektar, während sie Blattläuse und andere Schädlinge vertilgen. Dieser Garten hat einen einfachen Jahreszyklus: Alle Pflanzen werden einmal im Jahr am selben Tag zurückgestutzt. Eine Staudenwiese in klein!

IN DER HAUPTROLLE: DIE PFLANZEN

In einem bunten, wilden Garten spielen die Pflanzen die Hauptrolle. Die Fläche können

Sie recht kostensparend durch ein wenig Gartenarbeit selbst anlegen. Der Garten nutzt die natürlichen Eigenschaften der Pflanzen, wobei ihre Gruppierung, ihr Wuchs und ihre Widerstandskraft das Fundament für die gesamte Fläche bilden.

Stauden sind schnell etabliert, innerhalb von Monaten schießen sie in die Höhe und entwickeln Blüten. Schnell etabliert heißt aber nicht, dass die Pflanzen rasch und unkontrolliert wuchern. Ein Vorteil von Stauden ist, dass sich eine kleine Pflanze in einem Jahr deutlich entwickelt, ohne sich übermäßig auszubreiten. Und dieser hübsche Anblick ist preiswert: Für kleines Geld erschaffen Sie einen zauberhaften Ort.

Der bunte, wilde Garten macht sich den natürlichen Wuchs der Pflanzen zunutze, statt dagegen anzukämpfen. Da hier alle Pflanzen einen geeigneten Platz erhalten und man nur solche wählt, die miteinander harmonieren, erhält sich der Garten selbst, was ihn langfristig pflegeleichter macht. Einfache Kombinationen funktionieren am besten. Indem man die Pflanzen entsprechend ihrem Naturell frei wachsen lässt, gedeiht der Garten wie von allein.

Das Tolle an einem bunten Naturgarten sind die raschen Erfolgserlebnisse. Wer den Garten im Frühjahr plant und bepflanzt, kann sich schon im Sommer daran erfreuen. Plackerei und lange Wartezeiten gibt es hier nicht.

Herbst-Anemone 'Robustissima'

UNGEZÄHMTE NATUR

Der bunte, wilde Garten ist voller Pflanzen mit naturnahem Charakter. Aus einfachen, natürlich aussehenden Blumen entsteht ein Naturgarten mit funktionierendem Ökosystem. Fluginsekten aller Art lieben solche Pflanzen: Dolden und Schirmrispen, Korbblüten und lange Kerzen mit Landeplätzen in jeder Blüte bieten den Insekten zahlreiche Möglichkeiten zum Sammeln von Pollen und Nektar.

Gefüllte Blüten sind für Insekten nicht interessant. Je einfacher die Form, desto leichter gelangen Bienen und Schmetterlinge in die Blüte. Solche Pflanzen sehen meist auch verblüht noch gut aus. Ihre Fruchtstände erinnern an die vergangene Blüte und machen auch ausgebleicht im Herbstschimmer oder in der klaren Wintersonne eine gute Figur.

VÖGEL, BIENEN, SCHMETTERLINGE

Der bunte, wilde Garten nährt die Natur und es wimmelt nur so vor Marienkäfern, Florfliegen, Schmetterlingen, Schwebfliegen, Käfern und Bienen. Gruppen aus gleichen Pflanzen sind aus der Luft gut wahrzunehmen. Schwärme von Insekten, mit Pollen beladen und mit Nektar genährt, erfüllen den Garten

IN DER STADT

Ein bunter, wilder Garten ist eine stilisierte Version der Natur mit all ihren Highlights und funktioniert auch in der Stadt, wo kleine Gärten meist an Häuser, Mauern oder Zäune grenzen. Zwischen Mauern und Beton leuchten die wilden Pflanzen wie ein Kaleidoskop aus unterschiedlichen Blumenformen und sind selbst im Winter eine Augenweide.

mit ihrem Summen. Emsige Tiere lassen den Garten gedeihen. Bestäuber klappern die Blüten ab. Florfliegen und Marienkäfer jagen saftsaugende Blattläuse, Vögel suchen nach Raupen. Ein kleines Ökosystem, das keine künstlichen Dünger oder Unkrautvernichter benötigt. Es gibt Nistplätze für Hummeln, Winterquartiere für Marienkäfer und Brutzellen für Solitärbienen. Es geht auch ohne wuchernde Brennnesseln oder wackelige Holzstapel. Im wilden Garten regiert die Natur.

IM WECHSEL DER JAHRESZEITEN

Ein bunter, wilder Garten schläft nie. Zu jeder Jahreszeit und zu jedem Wetter herrscht großes Trara. Stängel sprießen, Blüten öffnen sich, Fruchtstände zieren den Garten und Frost verzaubert ihn. Alles ist im Wandel und ständig entsteht Neues: An hundert verschiedenen Tagen ist der Garten jeden Tag ein wenig anders.

Langsames Wachsen ist langweilig.

Sterndolde 'Roma'

SCHLUSS MIT ARBEIT

Lieber ein Frühstück am Wochenende, in den Socken hinaustapsen und Tee schlürfen, während man die Wolken beobachtet. Lieber in der Frühlingssonne lesen oder nachts die Sterne beobachten. Lieber mit Freunden Geburtstag feiern oder in der Sonne liegen. Lieber ein Picknick zu Mittag oder ein Sträußchen Blumen für die Küche pflücken.

Kein Gießen. Kein Platz für Unkraut. Nur einmal im Jahr mit der Gartenschere stutzen.

So gefällt mir das!

Von Null auf Garten. 12 Monate. 365 Tage.

Beginnende Blüte bei einem Scheinsonnenhut. Mit dem Aufblühen senken sich die Zungenblüten anmutig aus der Mitte ab.

Von Null auf Garten

Wenn zu Ihrem Zuhause auch ein Garten gehört, lohnt es sich, ihn mit Blumen zu füllen. Selbst wenn Sie nur ein Fleckchen Erde besitzen, mitten in der Stadt wohnen und noch nie selbst etwas angepflanzt haben, können Sie in nur wenigen Monaten einen pflegeleichten Garten anlegen. Sie benötigen lediglich einen Spaten, ein paar gute Ideen und die Kraft der Natur.

Das Anlegen eines Gartens ist ein Projekt, das Spaß macht. Selbst wenn Sie kaum etwas über Ihren Boden oder die Anzucht von Pflanzen wissen, können Sie Ihrem Garten mit ausgewählten Pflanzen wie Götterblumen oder Nachtviolen sowie unterschiedlichen Blütenformen eine persönliche Note verleihen.

Ein Garten soll aber nicht nur hübsch, sondern auch alltagstauglich sein, damit Sie nicht jedes Wochenende mit seiner Pflege beschäftigt sind. Und wenn Sie verreisen, soll niemand Ihre Pflanzen gießen müssen. Das Fundament eines bunten, wilden Gartens sind daher Pflanzen, die miteinander harmonieren und deren Lebensraum zu ihren Standortansprüchen passt. Alle Pflanzen in diesem Buch vertragen sich in jeder Kombination und Sie müssen nicht erst umständlich ausarbeiten, wohin Sie jede Pflanze setzen. Stattdessen können Sie aus einem Füllhorn an Ideen Ihre Favoriten wählen und all Ihre Lieblingspflanzen setzen. Lassen Sie den Garten aufblühen und von selbst gedeihen. Ein Stück ungezähmte Natur, das sich in nur einem Jahr in einen Garten verwandelt.

Mit dem eigenen Garten wollen viele warten, bis sie im perfekten Haus wohnen oder einen bestimmten Lebensabschnitt erreicht haben. Aber wozu? Fangen Sie doch gleich an. Wenn Sie keinen Garten anlegen, weil sich Ihre Lebensumstände vielleicht noch ändern, werden Sie womöglich nie im eigenen Garten sitzen. Dabei benötigen Sie nur einen Nachmittag, um einen Plan zu skizzieren und Ihre Lieblingsblumen auszusuchen. Und in wenigen Wochen erfreuen Sie sich schon an Ihrem eigenen Garten.

Keine Angst, Sie brauchen kein großes Budget, um einen Garten in nur einem Jahr anzulegen. Man braucht keine Bagger oder Handwerker, und auch die Kosten für Wegeplatten oder frische Erde halten sich in Grenzen. Sie müssen nicht einmal besonders viel Geld für Pflanzen ausgeben. Stauden in

WAS SIND STAUDEN?

Im Gegensatz zu einjährigen Pflanzen, die nach ihrer Blüte und Samenreife absterben, wiederholt sich bei Stauden der Vegetationszyklus jedes Jahr. Die meisten Stauden wachsen im Frühjahr aus ihrem Wurzelstock und blühen im Sommer. Nach der Blüte tragen sie oft hübsche Fruchtstände, die selbst die kalte Jahreszeit überdauern.

9-cm-Töpfen kosten nicht viel und wachsen schnell. Anders als einjährige Pflanzen, die am Ende jedes Sommers entfernt und ersetzt werden müssen, oder teure Bäume und Sträucher, die lange brauchen, bis sie eine nennenswerte Größe erreicht haben, sind Stauden dankbare Geschöpfe. Selbst kleine Pflanzen sorgen schnell für große Wirkung!

BESSER FÜR DIE UMWELT

Sobald Sie erstmals die emsigen Bienen und Marienkäfer auf Ihren Pflanzen entdecken oder die Amsel auf Futtersuche sehen, werden Sie verstehen, warum die gesamte Umwelt berücksichtigt werden muss. Zwar gehört Ihr Garten Ihnen, aber er ist auch ein Teil des Planeten, auf dem wir alle leben.

Deshalb ist es sinnvoll, einen Garten anzulegen, der auch der Natur ein wenig Raum zurückgibt. Da die Pflanzen zusammen eine natürliche Struktur bilden, benötigen sie weder Stäbe noch ausgewachsene „Fertigpflanzen" als Stütze. Kleine Pflanzen in kleinen Töpfen brauchen weniger Verpackung und ihr Transport zu Gartencentern oder Baumärkten und dann zu Ihnen kostet weniger Treibstoff. Kleinere Exemplare integrieren sich schnell und wachsen zu gesunden Pflanzen heran, die Schädlingen oft auch ohne Pestizide standhalten. Sie benötigen weniger Wasser, um Wurzeln zu bilden und sich an fremde Böden zu gewöhnen. Einmal richtig angelegt, bringt Ihnen Ihr Garten lange Freude und Sie müssen nicht ständig mit neuen Pflanzen aus Plastiktöpfen nachbessern.

Wenn die Natur direkt vor Ihrer Haustür gedeiht, werden Sie vieles mit anderen Augen sehen und sich selbst als Teil eines großen Ganzen wahrnehmen. Automatisch werden Sie sich mehr Mühe beim Recycling geben, Verpackungsmaterial einsparen und Plastiktüten vermeiden. Davon profitieren wir alle.

BOTANISCHE NAMEN

Nur der botanische Name einer Pflanze sagt Ihnen genau, ob Sie beim Kauf im Internet oder im Gartencenter auch wirklich die gewünschte Pflanze erhalten. Manche Pflanzen haben denselben deutschen Trivialnamen, aber jede Pflanze hat ihren eigenen botanischen Namen.

Botanische Namen bestehen meist aus zwei oder drei lateinischen Wörtern. Das erste Wort bezeichnet die Gattung. Zu ihr gehören viele Pflanzen mit ähnlichen Merkmalen. Die Gattung *Echinacea* zum Beispiel umfasst alle *Echinacea*-Arten (Scheinsonnenhüte) der Welt, darum beginnt der Name jedes Scheinsonnenhuts mit dem Wort *Echinacea,* das immer kursiv gedruckt wird. Das zweite Wort, ebenfalls in Kursiv, ist der Name der Art (einer Untergruppe der Gattung), zum Beispiel *Echinacea pallida*, ein Sonnenhut mit blasslila Blütenblättern (*pallida* bedeutet im Lateinischen „blass"). Kleinere Untergruppen haben manchmal einen dritten lateinischen kursiven Namen, dem die Abkürzung für Varietät (var.), Unterart (subsp.) oder Form (fo.) vorangestellt wird.

DIE JAHRESZEITEN

Für die Planung eines Gartens ist es wichtig, zu wissen, wann die Pflanzen blühen. Einige blühen durchgehend über Monate hinweg, andere entfalten ihre Blüten kurz und plötzlich und nur einmal im Jahr. Wenn Sie die Blütezeiten der Pflanzen kennen, können Sie die Auswahl und die Zusammenstellung verschiedener Pflanzen in Ihrem Garten darauf abstimmen.

Die Blütezeiten der Pflanzen werden in diesem Buch in Jahreszeiten statt in Kalendermonaten angegeben. So wissen Sie, wann die Pflanzen blühen, unabhängig davon, wo Sie leben.

Für Deutschland sehen die Jahreszeiten so aus:

Hochwinter	Januar
Spätwinter	Februar
Vorfrühling	März
Mittfrühling	April
Spätfrühling	Mai
Frühsommer	Juni
Hochsommer	Juli
Spätsommer	August
Frühherbst	September
Vollherbst	Oktober
Spätherbst	November
Frühwinter	Dezember

Eine Sorte – eine Pflanze, die von einem Züchter selektiert und für den Verkauf kultiviert wurde – hat zusätzlich einen Namen in Normalschrift und mit Anführungszeichen, zum Beispiel: *Echinacea pallida* 'Hula Dancer'.

Der Name sagt oft viel über eine Pflanze aus. *Echinacea pallida* 'Hula Dancer' beschreibt einen Sonnenhut mit einem Ring aus blassen, nach unten hängenden Zungenblüten, die wie der Bastrock einer Tänzerin im Wind wogen.

QUELL DER FREUDE

Ein Garten bereichert das Leben. Nach einem Aufenthalt im Freien fühlt man sich besser, ganz gleich, ob man nach Feierabend in der Sonne dösen, Blumen fürs Zuhause pflücken oder neugierig die Natur erkunden möchte. Ein blauer Himmel und frische Luft sind der perfekte Ausgleich zum hektischen Alltag. Man kann nicht jederzeit ins Auto hüpfen und zum Campen ins Grüne fahren oder zu Mittag in einer Wiese picknicken, aber von einem eigenen Garten profitiert man immer.

Es ist schwierig, sich mit der Natur und den Jahreszeiten verbunden zu fühlen, wenn man diese nur im Auto sitzend wahrnimmt. Mein erster Garten befand sich hinter einem kleinen Reihenhaus, in dem ich nicht einmal ein Jahr lang wohnte. Er bestand aus Betonplatten und drei Quadratmetern Erde. Ich setzte ein paar Pflanzen, die ich mochte, und plötzlich tat sich eine ganz neue Welt auf: ein Garten, der all meine Vorstellungskraft übertraf und der zu gleichen Teilen von der Natur gemacht war wie von mir. Seitdem bin ich oft umgezogen und überall pflanzte ich etwas an. Ich brauche einen Platz, der sich selbst erhält, voller Blumen, Bienen und Schmetterlinge. Einen Garten macht man für die Tiere und Pflanzen, aber auch für sich selbst.

Kugelköpfiger Lauch und Mazedonische Witwenblumen: bunte, wilde Gärten erinnern an märchenhafte Orte.

Eine wilde Idee

Bei der Planung eines bunten, wilden Gartens müssen Sie das Bild des traditionellen Gartens vergessen. Schmale, spärlich bepflanzte Rabatten am Rasenrand tragen nur wenig zur Freude für Mensch und Umwelt bei.

Die meisten Gärten sind noch immer traditionell angelegt, selbst bei neuen Häusern: Ein Fleck Rasen ist umgeben von Randbeeten. Von den Fenstern aus sieht man die Pflanzen kaum, noch dazu brauchen sie viel Pflege. Nur wenige Pflanzen gedeihen in den schattigen Bereichen entlang des Zauns. Und es ist traurig zu sehen, wie die blühenden Blumen aus dem Baumarkt nach nur wenigen Wochen bereits verkümmern. Wenn man nicht weiß, wie eine Pflanze wächst und auf welche Weise und wie schnell sie sich entwickelt, fällt die Auswahl von passenden und hübschen Pflanzen schwer. So entsteht leicht ein wahlloses Gemisch aus Pflanzen, zwischen denen bald das Unkraut wuchert.

Aber so muss Ihr Garten nicht sein. Ein Garten kann sich auch an der Natur orientieren. Stellen Sie sich einen schönen, wilden Fleck Natur vor, wo ein Pfad durch eine Blumenwiese führt. Ein zauberhafter Ort, der nach den Gesetzen der Natur wächst – aber in Ihrer Stadt.

Hain-Salbei 'Caradonna': Wenn Sie Ihre Blumen in der Nähe des Hauses setzen, sehen Sie die Pflanzen, wann immer Sie nach draußen gehen.

Man muss nicht immer neues Gartenwerkzeug kaufen. Sie können auch Werkzeug ausborgen oder gebraucht erwerben.

GARTENWERKZEUG

Für einen Garten wie in diesem Buch beschrieben benötigen Sie nur ein paar einfache Werkzeuge. Man muss nicht immer etwas Neues kaufen: Vielleicht können Sie einen Spaten für einen Nachmittag ausborgen oder einen gebrauchten günstig erwerben. Second-Hand-Läden haben oft Werkzeuge, die einmal genutzt und geschätzt wurden, aber nicht mehr benötigt werden. Achten Sie darauf, dass der Griff stabil und alles rostfrei ist.

SPATEN Ein Spaten hat ein flaches Schaufelblatt, mit dem man gut in den Boden stechen und Erdklumpen herausheben kann. Der Griff muss stabil genug sein, damit das Gewicht der Erde den Spaten nicht verbiegt, er aber dennoch angenehm in der Hand liegt.

GIESSKANNE Sie sollte so groß sein, wie Sie sie in vollem Zustand tragen können. Eine große Gießkanne erspart Ihnen mehrere Wege zum Wasserhahn. Alle Jungpflanzen müssen am Anfang gründlich bewässert werden, damit sich die Erde um die Wurzeln setzen kann und neuer Wuchs angeregt wird. Danach übernimmt der Regen diese Aufgabe für Sie.

GARTENSCHERE Für das jährliche Stutzen im Frühling benötigen Sie eine Gartenschere. Hier lohnt sich der Kauf einer neuen: Sie muss scharf sein und die Stängel schneiden, nicht zerquetschen.

HANDSCHAUFEL Das Setzen von Blumenzwiebeln und das Jäten von Unkraut geht mit einer kleinen Pflanzschaufel viel leichter, obwohl Sie auch den Spaten dafür verwenden können.

GESTALTUNG

Das Potpourri aus Pflanzen, aus dem ein bunter, wilder Garten besteht, bestimmt die Struktur des Gartens. Naturgärten brauchen ein starkes Design. Wo Sie Ihre Pflanzen hinsetzen, ist für den Gesamteindruck entscheidend. Bestimmen Sie einen großen Bereich von mindestens 1 m Breite, der mit Pflanzen gefüllt wird und den Garten durchquert. In einem kleinen Garten kann das schon fast die ganze Fläche einnehmen, sodass nur noch an der Tür etwas Platz für Tisch und Stühle bleibt. Bei einem größeren Garten können Sie für die Pflanzen zwei separate Bereiche bestimmen und dazwischen eine Grasfläche lassen. Breite geometrische Beete sorgen für einen modernen Look. Gerade Ränder und präzise Ecken lassen einen Bereich klar und zweckmäßig wirken und schaffen den perfekten Kontrast zum kommenden „wilden“ Wuchs aus Pflanzen.

Wenn die Pflanzen nahe am Haus und quer durch den Garten wachsen statt nur an den Rändern, sehen Sie Ihre Blumen jedes Mal, wenn Sie nach draußen gehen, auch wenn Sie nur kurz den Müll hinausbringen oder das Wetter prüfen.

Bleicher Scheinsonnenhut, Agavenblättriger Mannstreu und Blauraute 'Blue Spire'.

Erde besteht aus Sand, Schluff und Ton sowie organischer Substanz – wie etwa Resten toter Pflanzen.

Die Erde um die Pflanzen muss sorgfältig angedrückt werden.

DER BODEN

Der Erdboden ist ein Ökosystem, das gesund sein und gedeihen soll. Die Erde besteht aus Sand, Schluff und Ton in unterschiedlichen Anteilen sowie organischer Substanz wie etwa totem Laub. Böden können dünn oder steinig sein und dadurch Feuchtigkeit nur schlecht speichern. Wenn Sie ein neues Haus haben oder in Ihrer Nähe gebaut wurde, haben Sie vielleicht sogar Schutt im Boden. Das andere Extrem sind schwere, kompakte Böden, die im Winter voller Wasser sind, aber im Sommer hart und trocken. Böden in der Stadt sind oft ausgelaugt, staubig und nährstoffarm.

Karge Böden sind perfekt für das Anlegen eines Gartens in nur einem Jahr. Ihre niedrige Fruchtbarkeit lässt robuste Pflanzen entstehen, die bei Sturm nicht gleich einknicken, denn sie haben kurze und stabile Stängel. Keine Pflanzenart nimmt Überhand. Die Pflanzen wachsen als Gruppe und etablieren sich nach ihren eigenen Gesetzen, wie in der Natur. Lavendelblaue Blauraute, Quirlblütiger Salbei, Kugel-Lauch, Disteliger Mannstreu und Orangeköpfige Sonnenbraut – das sind die Pflanzen, die auf solchen dünnen Erdschichten gedeihen.

NEUE PERSPEKTIVEN

Blumen sind das Herz und die Seele des „Ein-Jahres-Gartens“ und stehen an vorderster Front. Sie sind die Hauptdarsteller: aufragendes Eisenkraut mit violetten Blüten, langstielige Scheinsonnenhüte und schimmernde Gräser. Im bunten, wilden Garten wachsen hohe und niedrige Pflanzen.

Die übliche Einfriedung durch Zäune oder Mauern hinter den Pflanzen lässt Sonne nur von vorn zu. Darum ist die Exposition von Bedeutung (ob der Garten nach Norden, Süden, Osten oder Westen ausgerichtet ist). Eine Pflanze, die viel Sonne braucht, gedeiht nicht an der Nordseite des Zauns. Hohe, luftige Pflanzbereiche quer über den Garten gesetzt lassen dagegen die Sonne durch. Im Gegenlicht sehen viele Blumen besonders hübsch aus. Blütenblätter leuchten wie Buntglas und an einem grauen Tag lässt ein hereinfallender Sonnenstrahl die Gräser golden schimmern. Wenn die Sonne über den Himmel wandert, entstehen Muster aus Licht und Schatten. Alles ist von Licht und Luft umgeben.

Trauben-Katzenminze 'Walker's Low' und Hain-Salbei 'Viola Klose'.

RICHTIG UMGRABEN

Die Wurzeln der Pflanzen brauchen Wasser und Sauerstoff sowie Mineralien aus der Erde. Das Graben lockert die Erde auf und lässt Luft und Wasser durch. Sie müssen Ihren Garten nur einmal umgraben. Das können Sie jederzeit tun, wobei sich sehr nasse oder kalte Tage nicht empfehlen, da die nasse herausgegrabene Erde sonst leicht wieder hinuntergedrückt wird.

- In Reihen von links nach rechts graben und nach hinten arbeiten: Der Bereich, auf dem Sie stehen, ist als Nächstes dran.
- Die Spatenkante gerade in die Erde stechen, sodass ein Quadrat entsteht.
- Den Spaten unter das Quadrat schieben, den Erdwürfel herausheben und umdrehen.

Danach sollte der Boden leicht erhaben sein, da er mit Luft angereichert wurde. Am besten graben Sie die Erde schon 1–2 Wochen vor dem Pflanzen um; andernfalls ebnen Sie die oberste Schicht nach dem Umgraben etwas ein.

Erste Schritte

Heute ist der beste Tag, um Ihren neuen Garten anzulegen. Ob Frühling, Sommer, Herbst oder Winter – beginnen Sie, wann immer Sie möchten.

Ihr bunter, wilder Garten wartet nur darauf, zu wachsen, und ist jederzeit für Sie bereit. Mit kleinen Pflanzen aus dem Topf können Sie zu jeder Jahreszeit beginnen, solange der Boden nicht gefroren ist.

Da die Pflanzen die Struktur des Gartens bilden, sollte man sich überlegen, wo jede Pflanze stehen soll. Am besten planen Sie Ihren Garten draußen. Selbst mit genauen Maßangaben ist das Tüfteln am Küchentisch kein Ersatz für das Planen direkt im Garten, wo man die ganze Fläche gut im Blick hat.

Bestimmen Sie zuerst den besten Platz für das Hauptbeet. Da Sie in die Pflanzen hinein-, hinüber- und hindurchblicken möchten, ist es meist ideal, wenn der Rand des Beets nahe an der Tür liegt oder an dem Platz, wo Sie draußen meistens sitzen.

Stecken Sie Stäbe in die Erde, um die Grenzen der Beete zu markieren. Straff gezogene Schnüre, die Sie von Stab zu Stab knüpfen, bilden gerade Linien und helfen so dabei, die Flächen zu visualisieren. Indem Sie die Stäbe und Schnüre in verschiedene Richtungen verschieben, können Sie die Größe und Form des Beets verändern.

Wenn Sie Ihr Beet festgelegt haben, hilft es, sich den Bereich noch einmal aus dem Haus durch die Fenster anzusehen. Aus dieser Perspektive erkennen Sie sofort, wenn der festgelegte Bereich breiter, größer oder an einer anderen Stelle sein soll. Bei einem kleinen Garten kann man einen Fleck Rasen von der Breite eines Pfads freilassen.

Wenn Sie mit der Aufteilung zufrieden sind, stechen Sie mit der Spatenkante entlang der Schnüre eine Markierungslinie in den Boden. Wenn sich innerhalb des Bereichs Rasen befindet, ritzen Sie mit der Spatenkante kleine Quadrate in den Boden und schaufeln Sie diese heraus. Die Erde unter dem Gras ist an Stellen, wo auf ihr herumgelaufen wurde, vermutlich ziemlich verdichtet, darum sollten Sie diese Bereiche umgraben. Man muss auch nicht besonders tief graben – gerade tief genug, um die Verdichtung aufzulockern. Entfernen Sie gegebenenfalls mehrjähriges Unkraut wie Löwenzahn und Quecken.

Mit Stäben und Schnur stecken Sie die Bereiche Ihres Gartens ab. Man kann sie unterschiedlich platzieren, um verschiedene Ideen auszuprobieren.

Befestigen Sie die Schnur mit einer Schleife an den Stäben. So kann sie leicht wieder gelöst und die Markierung verschoben werden.

Gerade Linien lassen den Bereich klar und zweckmäßig erscheinen. Sie bilden den perfekten Kontrast zum wilden Wuchs der Pflanzen. Ziehen Sie die Schnur ganz straff, um eine gerade Linie zu erhalten.

Stechen Sie mit dem Spaten eine Rasenkante und entfernen Sie unerwünschtes Gras.

Graben Sie das neue Beet um, vor allem an harten, verdichteten Stellen.

Gamander und Garten-Ziest 'Hummelo'.

Die Pflanzen

Die Auswahl der richtigen Pflanzen ist sehr wichtig. Die Gestaltung eines wilden Gartens erinnert an das Arrangieren von Blumen: Man wählt verschiedene Formen, bildet Muster und überlegt sich, wie alles am besten miteinander harmoniert (und wächst).

Um einen schönen Garten anzulegen, müssen Sie keine gärtnerische Erfahrung mitbringen. Aber wenn Sie einfach kaufen, was im Gartencenter an einem beliebigen Tag gut aussieht, passt vielleicht nicht alles zusammen. Ohne sich vorab zu informieren, weiß man nicht, wie sich die Pflanzen entwickeln werden.

FORMEN

Manche Blumen wachsen den ganzen Sommer lang in die Höhe. An anderen sprießen tausende winziger Blüten wie auf kleinen Tellern ausgebreitet. Die runden Zentren der Asternblüten dagegen erinnern an Knöpfe und sind von einem Kranz aus Blütenblättern umringt, auf jedem Stängel ein Knopf. Es gibt distelartige Blütenstände, sternförmige Dolden und Gräser mit reiskornartigen Samen. Die Mischung aus Größen, Formen und Strukturen ist das Geheimnis für einen wirkungsvollen Garten. Die Formenvielfalt sorgt durch Abwechslung im Garten für bewegtere und ruhigere Bereiche. Außerdem bleibt der Garten das ganze Jahr über interessant, ohne dass Sie

Große Sterndolde 'Large White'

später weitere Pflanzen hinzufügen müssen: Die Fruchtstände behalten die Form der Blütenstände und zieren den Garten auch in den kalten Monaten.

Am besten wählen Sie nur zwei oder drei Blütenstandsformen, zum Beispiel Dolden mit Ähren, oder Rispen mit tellerförmigen Blütenständen und Tupfen. Die Wiederholung gleicher Formen erzeugt einen Rhythmus. Selbst wenn Sie die Pflanzen wahllos setzen, entsteht ein harmonisches Gleichgewicht.

MUSTER

Die Muster der Natur sind unübertrefflich: Bunt gemischte Wiesen und komplexe Strukturen aus sich wiederholenden Pflanzen. Selbst der schlichteste Fleck Natur besteht meist aus mehreren unterschiedlichen Pflanzen.

Durch das Wiederholen und Gruppieren von gleichen Pflanzen gestaltet man mühelos einen wirkungsvollen Garten. Wachsen zwei oder drei Pflanzen derselben Art nebeneinander, wirkt das kühn und fällt auf. Im Kreis ihrer Artgenossen wirkt jede Pflanze besser. Aus der Nähe betrachtet entfalten die einzelnen Pflanzen ihren Charakter, aus der Ferne sehen größere Farbflächen toll aus.

Das Wiederholen von Gruppen aus gleichen Pflanzen im ganzen Garten sorgt für ein harmonisches Gesamtbild. Auffällige Blüher durchsetzt mit schlichteren Arten bilden einen ansprechenden Kontrast. Es macht Spaß, verschiedene Blumen auf interessante Weise zu kombinieren und gegenüberzustellen. Man kann unterschiedlich große Gruppen aus unterschiedlichen Mengen an Pflanzen bilden und auch unterschiedlich oft wiederholen.

RECHTS OBEN Purpur-Kugel-Lauch
RECHTS UNTEN Patagonisches Eisenkraut

VERGESELLSCHAFTUNG

In einer bunten Blumengemeinschaft wachsen alle Pflanzen auf ihre eigene Art harmonisch miteinander und finden ihren Platz. Damit sich der Garten selbst erhält, aber trotzdem ständig verändert, sodass es immer etwas Neues zu sehen gibt, sollte man Blumen nebeneinander setzen, die sich ähnlich entwickeln und vom selben Lebensraum profitieren.

Pflanzen, die miteinander harmonieren und wachsen, können als Einheit statt als Einzelpflanzen betrachtet werden. Ihr Bereich ist pflegeleicht, aber dennoch sehenswert. Keine Pflanze benötigt eine Sonderbehandlung. Wenn sich alle Pflanzen als Einheit entwickeln, wird jede einzelne ihren Platz finden. Pflanzensoziologen zufolge arrangieren sich Pflanzen nach eigenen „Gesellschaften".

EINFACHHEIT

Beim Anlegen eines neuen Gartens fällt es oft schwer, nicht mit Pflanzen zu übertreiben. Strahlende Silberkerzen, bauschiger Kugel-Lauch, samtige Anemonen und herrlich protzige Dahlien: Taucht man einmal in die wunderbare Welt der Blumen ein, wird man von der Auswahl überwältigt. Am liebsten möchte man sie alle haben. Und obwohl es verlockend ist, jede Lieblingsblume zu setzen, funktionieren Gärten mit einer begrenzten Auswahl an Pflanzen meist besser. Formen, Muster und Standortansprüche dienen hierbei als Richtlinien, aber es gibt noch weitere Faktoren, die Ihnen bei der Auswahl helfen.

GRÖSSE

Wenn Sie die Liste Ihrer Lieblingsblumen zusammenstellen, sollten Sie auch die verschiedenen Wuchshöhen der Pflanzen notieren und sie in groß, mittelgroß und klein unterteilen. Als groß gelten Pflanzen, die über

Purpur-Kugel-Lauch, Große Sterndolde 'Claret' und Katzenminze 'Walker's Low'.

120 cm hoch werden; mittelgroße Pflanzen werden 60–120 cm hoch; und kleine Pflanzen werden nicht höher als 60 cm. Die Pflanzen jedes Größenbereichs spielen unterschiedliche Rollen in Ihrem Garten und ergänzen sich auf unterschiedliche Weise.

Kleine Pflanzen bilden das ideale Gefüge, durch das andere Pflanzen hindurchwachsen können. Sie sind das wild wachsende Gegenstück zu den „Füllblumen" in einem Blumenstrauß. Beginnen Sie mit kleinen Pflanzen, wählen Sie ein oder zwei Blütenformen aus, um ein Grundgerüst für die größeren Pflanzen zu schaffen. Fügt man einige mittelgroße Pflanzen hinzu, entstehen Wellenformen und neue Strukturen, sodass die untere Pflanzenebene nicht zu flach aussieht.

Bleicher Scheinsonnenhut

Im Garten kommt es durchaus auf die Größe an, besonders bei einem neuen Garten. Zu den größeren Pflanzen gehören fedrige längliche und rispenartige, aber auch klare Formen, wie etwa Tupfen. Pflanzen, die schnell in die Höhe schießen, aber nicht wuchern, spielen in kleinen Gärten eine wichtige Rolle. Ihre Stängel sind meist blattlos, da die Pflanze ihre ganze Energie in das Höhenwachstum steckt. Ihre schlanken Stängel präsentieren die Blütenformen wirkungsvoll und nehmen den kleineren Pflanzen kaum Licht. Sie bekommen zudem genügend Sonnenlicht, um zu gedeihen.

Große Pflanzen wirken auch einzeln: Verstreut oder in Reihen gepflanzt sorgen sie für ein einheitliches Bild. Pflanzen wie der Kugel-Lauch und der Westliche Sonnenhut eignen sich perfekt dafür. Ihre Formen kommen besonders gut zur Geltung, wenn man nur wenige Pflanzen setzt und etwas Abstand zu den niedrigeren Pflanzen darunter lässt.

BLÜTEZEIT

Wählt man Blumen mit unterschiedlichen Blütezeiten, bleibt der Garten länger bunt und zeigt immer eine neue Seite. Kombinieren Sie Früh- mit Spätblühern und nehmen Sie Blumen, die zu unterschiedlichen Zeiten in voller Pracht stehen (mit einigen Überschneidungen). So zeigt der Garten den Wechsel der Jahreszeiten und die Verbindung zur Natur. Selbst in einem winzigen Garten kann es auf diese Weise über 300 Tage mit neuer Blüte geben.

FARBEN

Die Farben der Blüten sollten gut gewählt sein. Für den Garten gilt das Gleiche wie für Innenräume: Ein farbliches Chaos ist nicht schön. Ein Farbkonzept für die Auswahl der Pflanzen verhindert ein Durcheinander aus Farben. Kombinieren Sie zum Beispiel Himmelblau, Dunkelblau und ein schillerndes Violett, oder Zitronengelb und Sonnengelb mit leuchtend orangefarbenen Tupfen.

Wildpflanzen haben meist mehr grüne Teile (Blätter und Stängel) als moderne Sorten, die oft speziell gezüchtet sind, um die größten und schrillsten Blüten hervorzubringen. Mit „wilderen“ Pflanzen ist es daher einfacher, harmonische Farbkombinationen zu bilden.

AGM-PFLANZEN

Bei einigen Pflanzen steht AGM oder vor oder hinter dem Namen auf ihrem Etikett oder beim Kauf im Internet. Es bedeutet, dass die Pflanze mit dem „Award of Garden Merit“ ausgezeichnet wurde: von der britischen Royal Horticultural Society (RHS) geprüft und für eine der besten ihrer Art befunden. Pflanzen mit dem AGM-Siegel eignen sich „hervorragend für die Verwendung im Garten“ und sind daher eine gute Wahl, wenn Sie sich zwischen ähnlichen Blumen nicht entscheiden können und nur eine davon das AGM-Zeichen trägt.

Bei vielen bleiben die Fruchtstände auch den Winter über stehen. So sieht der Garten auch in der kalten, heikleren Jahreszeit interessant aus.

Jede Pflanze in diesem Buch passt zu jeder anderen in jeder Kombination. Alle Pflanzen sind leicht erhältlich. Die meisten findet man ganzjährig im Internet und bei Gärtnereien, zu ihrer Blütezeit auch in Gartencentern und in Baumärkten.

Das „Nadelkissen" aus Blüten und die weißen Hüllblätter der Großen Sterndolde zieren den Garten wochenlang.

Dolden

Eine Dolde ist ein Blütenstand in der Form eines offenen Regenschirms. Aus der Spitze des Stängels sprießen kleine, sternförmige Blüten.

Mit ihren sternförmigen Blüten auf geraden Stängeln verzaubern die Doldenblütler Ihren Garten in ein Stück wilde Natur. Die Dolde ist die in der Natur vorherrschende Blütenform. Die klaren Formen und die regelmäßige Symmetrie der Doldenblütler verleihen den Pflanzen eine luftige Anmut.

Pflanzt man Doldenblütler nebeneinander, vermischen sie sich und bilden ein lockeres Gefüge aus Stängeln und sanft gerundeten Blütenständen. Obwohl sich ihre Formen ähneln, kann man mit ihnen Kontraste erzeugen, vor allem durch den Einsatz unterschiedlicher Größen. Dolden passen auch gut zu schlanken Blütenkerzen: Der Mix aus länglichen und breiten Formen bringt Abwechslung und Energie in einen kleinen Garten.

Mehrere Doldengruppen im Garten verteilt bilden ein verbindendes Element zwischen den Beeten. Doldenblütler bringen Höhe, ohne die Blumen hinter ihnen zu verdecken. Sie sind ideale Nachbarn für andere hohe Blumen: So stützt etwa ein kräftiger Mannstreu eine Wiesenraute, sodass man auf Pflanzstäbe und Schnur verzichten kann.

Alle Doldenblütler (Familie: Apiaceae) wachsen aus Pfahlwurzeln. Das sind lange, kräftige Wurzeln, die an Möhren oder Pastinaken erinnern und senkrecht nach unten statt in die Breite wachsen. Die Stängel und Blätter sprießen aus einem zentralen Punkt am oberen Ende der Wurzel, sodass keine unerwarteten Ausläufer im Garten auftauchen und ausgegraben werden müssen.

Aufgrund ihres großteils blattlosen Stängels passen Doldenblütler gut zu anderen Blumen. Die Laubblätter befinden sich vorwiegend an der Basis der Pflanze und lassen Licht und Regen zu benachbarten Pflanzen durch.

Der Name „Apiaceae“ kommt von *apium*, dem lateinischen Wort für wilden Sellerie, das wiederum von *apis*, Biene, stammt. Alle Apiaceae-Blütenstände sind reich an Pollen und Nektar und wimmeln von Bienen. Auch Schwebfliegen, Florfliegen, Schmetterlinge, Motten und kleine Raubwespen (die Blattläuse fressen) besuchen die Blumen.

Besonders in einem kleinen Garten ist es wichtig, dass die Pflanzen alle Jahreszeiten überbrücken. Viele Doldenblütler beginnen früh zu wachsen, entfalten sich im Frühling und blühen im Frühsommer. Die zierlichen Blüten sind meist langlebig. Im Herbst erinnern die Schirmchen der Fruchtstände an die vergangenen Blüten. Sie bleiben bis in den Winter als frostglitzernde Skelette bestehen.

ANTHRISCUS

Anthriscus sylvestris 'Ravenswing' ist eine dunkellaubige Version des Wiesen-Kerbels, der auf dem Land oft am Straßenrand wächst – eine Blume, die an Autoreisen, Picknicks und Wanderungen erinnert. Sie hat gefiederte, dunkelrote Blätter und blüht, wie ihre wilde Verwandte, in kleinen weißen Dolden auf keck abgewinkelten Stielen.

Anthriscus beginnt früh im Jahr zu wachsen, ist Ende des Frühlings groß und blüht, während die meisten Pflanzen noch Blätter bilden. Die Blüten locken Schwebfliegen, Bienen und kleine Käfer an, die für die Bestäubung sorgen. Im Sommer bilden sich nach der Blüte längliche schwarze Früchte.

Da es sich um eine kurzlebigere Staude handelt, sorgt sie durch reichlich Samen verlässlich für ihren Fortbestand. Wenn Sie Glück haben und der Kerbel seine Samen in Ihrem Garten verteilt, halten Sie im Frühling nach Sämlingen mit schwarzroten Blättern Ausschau. Diese sollten Sie behalten,

BOTANISCHER NAME *Anthriscus sylvestris* 'Ravenswing'
DEUTSCHER NAME Purpur-Wiesen-Kerbel
FAMILIE Doldenblütler
WAS SPRICHT DAFÜR?
Weiße Blüten von Spätfrühling bis Hochsommer; dunkelrote Blätter.
NUTZEN FÜR DIE TIERWELT
Pollen- und Nektarquelle für Bienen und Schwebfliegen; in den hohlen Stängeln überwintern Solitärbienen, Marienkäfer, Schwebfliegen, Florfliegen und ihre Larven.
GRÖSSE Höhe: 120 cm; Pflanzdichte: 5 pro Quadratmeter.

Purpur-Wiesen-Kerbel 'Ravenswing'

da sie wieder zu den hübschen Pflanzen mit den dunklen Stängeln und weißen Blüten heranwachsen. *Anthriscus sylvestris* 'Ravenswing' bildet jedoch nicht so viele Samen, dass er zum lästigen Unkraut wird.

GUTE PARTNER

BLUMEN Sizilianischer Honiglauch (*Nectaroscordum siculum*), Sterndolde 'Hadspen Blood' (*Astrantia*), Kartäuser-Nelke (*Dianthus carthusianorum*)
GRÄSER Federgras (*Stipa tenuissima*)

Sterndolde 'Claret'

ASTRANTIA

BOTANISCHER NAME *Astrantia*
DEUTSCHER NAME Sterndolde
FAMILIE Doldenblütler
WAS SPRICHT DAFÜR?
Prächtige Farben; blüht von Spätfrühling bis Spätsommer; trägt lang Früchte.
DIE BESTEN SORTEN
A. 'Hadspen Blood', *A. major* 'Claret', *A. major* 'Large White', *A.* 'Roma', *A. major* 'Elmblut'
NUTZEN FÜR DIE TIERWELT
Bietet 4 Monate lang Pollen und Nektar für Bienen, Schwebfliegen und Schmetterlinge sowie im Winter Unterschlupf für Marienkäfer.
GRÖSSE Höhe: 60 cm; Pflanzdichte: 5 pro Quadratmeter.

Die Dolden von *Astrantia* sind recht klein und man muss genau hinsehen, um innerhalb der Hüllblätter die vielen winzigen Blüten zu erkennen, aus denen die bauschigen Blumen bestehen. Aufgrund ihrer auffälligen Farbe und Zeichnung werden die Hüllblätter oft für die Kronblätter gehalten. Das Licht der Sonne lässt sie bunt erstrahlen.

Astra stammt aus dem Lateinischen und bedeutet „Stern". Jede Sterndolde wirkt wie ein Meteorschauer– eine zauberhafte Blume mit Blütenbüscheln auf nadelfeinen Stielen. Sie sollte mit anderen Blütenformen kombiniert werden.

Astrantia blüht rubinrot, rosa und perlweiß. *A. major* 'Claret' hat das tiefste Rot, mit fast schwarzen Stängeln und violett überlaufenen Blättern, die aussehen wie in Tinte getaucht. *A.* 'Roma' ist altrosa, mit hellgrünen Blättern, die zur Frische des Frühlings passen. *A. major* 'Large White' ist größer und hat apfelgrüne Hüllblätter mit blassrosafarbenen Spitzen.

Rosafarbene und weiße Sterndolden passen am besten zu einem frischen, hellen Farbschema. Sie eignen sich auch perfekt für schattige Flecken, wo sie an trüben Tagen herausleuchten. Ich kombiniere 'Large White' gern mit dem großen grünen Doldenblütler *Mathiasella* und mit dem Federgras *Stipa tenuissima*. Selbst unter wolkigem Himmel erstrahlt diese Kombination.

Insekten lieben Sterndolden. Hummeln, Solitärbienen, Käfer und Schwebfliegen besuchen ihre Blüten. Sie gehört zu den Stauden mit der längsten Blütezeit, deren erste Blüten im Spätfrühling erscheinen. Bis in den Herbst hinein kommt es immer wieder zu einer Nachblüte, die jeweils mehrere Wochen andauert. Man kann die ersten welken Blüten abschneiden, um zur Nachblüte anzuregen, oder man belässt die Pflanze einfach, wie sie ist.

Astrantia bringt das ganze Jahr über Freude. Wenn es draußen kälter wird, werden die Blüten welk und pergamentartig, behalten jedoch ihre Form. Die Fruchtstände sind klein, aber robust. Sie überstehen selbst das kälteste Wetter und zieren Ihren Garten den ganzen Winter bis zum Frühlingsbeginn.

GUTE PARTNER

BLUMEN Sizilianischer Honiglauch (*Nectaroscordum siculum*), Purpur-Wiesen-Kerbel 'Ravenswing' (*Anthriscus sylvestris*), Purpur-Kugel-Lauch 'Purple Sensation' (*Allium*)
GRÄSER Federgras (*Stipa tenuissima*)

ERYNGIUM

Beim Agavenblättrigen Mannstreu sitzen fingerhutförmige Blütenstände auf langen Stängeln.

BOTANISCHER NAME *Eryngium*
DEUTSCHER NAME Mannstreu, Edeldistel
FAMILIE Doldenblütler
WAS SPRICHT DAFÜR?
Hoher, architektonischer Wuchs; Stütze für Nachbarpflanzen; auffällige Blütenstände in blauen, violetten oder rötlichen Farbtönen von Früh- bis Spätsommer.
DIE BESTEN SORTEN
Eryngium agavifolium, E. ebracteatum var. *poterioides, E.* × *tripartitum* (AGM), *E. yuccifolium*
NUTZEN FÜR DIE TIERWELT
Pollen- und Nektarquelle für Bienen und Schwebfliegen, Nektarquelle für Schmetterlinge. In den hohlen Stängeln überwintern Bienen, Marienkäfer, Schwebfliegen, Florfliegen und ihre Larven.
GRÖSSE Höhe: 120 cm; Pflanzdichte: 3 pro Quadratmeter.

Wie der deutsche Name Edeldistel vermuten lässt, ist *Eryngium* recht stachelig. Die Blütenstände in Fingerhutform sind schmal und kompakt, umschlossen von dornigen Hüllblättern. Die Laubblätter sind dornig gesägt.

Im Frühling bildet *Eryngium* eine Rosette aus Blättern. Aus ihrer Mitte wächst der Stängel, der die Blütendolden trägt. Die Pflanzen können silbrig grün, blau oder leicht violett sein, manche mit metallischem Schimmer. An sehr sonnigen Plätzen verstärkt sich die Farbe der blauen Pflanzen noch.

GUTE PARTNER

BLUMEN Bleicher Scheinsonnenhut (*Echinacea pallida*), Sonnenbraut 'Moerheim Beauty' (*Helenium*), Westlicher Sonnenhut (*Rudbeckia occidentalis*)
GRÄSER Rasen-Schmiele 'Goldtau' (*Deschampsia cespitosa*), Ruten-Hirse 'Shenandoah' (*Panicum virgatum*)

Mannstreu verwebt sich gut mit anderen hohen Blumen. Ich lasse ihn gerne mit anderen tupfenförmigen Blüten wie *Echinacea* und *Helenium* oder den Kerzen der Blauraute um den Platz wetteifern. Bienen und Schwebfliegen lieben die pollenreichen Blumen und nicht selten buhlen mehrere Bestäuber gleichzeitig um eine Pflanze.

Eryngium ebracteatum hat drahtige Stängel, die an Kerzenhalter erinnern, dichte rote Dolden und schwertförmige Blätter. Diese Art blüht etwas früher als andere Mannstreu-Arten und braucht genügend Platz.

Nach der Sommerblüte bildet *Eryngium* hübsche Winter-Fruchtstände und hat so zu jeder Jahreszeit etwas zu bieten.

FOENICULUM

BOTANISCHER NAME *Foeniculum vulgare*
DEUTSCHER NAME Fenchel
FAMILIE Doldenblütler
WAS SPRICHT DAFÜR?
Ein Feuerwerk aus Blüten von Hoch- bis Spätsommer; gefiederte Blätter; dekorativer Fruchtstand.
BESTE SORTE
F. vulgare 'Purpureum'
NUTZEN FÜR DIE TIERWELT
Pollen und Nektar für kleinere bestäubende Insekten wie Solitärbienen, Schwebfliegen, Weichkäfer, Sichelwanzen, Blumenwanzen, Baumwanzen und Brackwespen – nützliche Insekten, die Raupen und Blattläuse fressen. In den hohlen Stängeln überwintern Bienen, Marienkäfer, Schwebfliegen, Florfliegen und ihre Larven.
GRÖSSE Höhe: 200 cm; Pflanzdichte: 4 pro Quadratmeter.

Fenchel

Die Dolden des Fenchels erstrahlen wie ein Feuerwerk aus Tausenden von kleinen gelben Blüten, die aus hellgrünen Knospen wachsen. Die perfekt geformten Dolden sehen aus wie am Reißbrett entworfen: stramme Stiele, perfekte Symmetrie und ein Bogen aus filigranen Blüten.

Fenchel bringt eine gewisse Wildheit in den Garten. Die grünblättrigen Sorten säen sich großzügig aus und können zur Plage werden, aber die bronzefarbenen verteilen ihre Samen etwas sparsamer. An der Form der Blätter kann man die Fenchelsämlinge leicht erkennen und gegebenenfalls herausziehen.

Die Fenchelblüte dauert lang, im Herbst bilden sich dann die kantigen Früchte. Sie wirken fast zu klobig für die Stiele, sind aber hübsch anzusehen. Wenn sie sich verdunkeln und abfallen, bleibt eine Klaue aus Stielen in einem Wust aus gefiederten Blättern zurück, die den ganzen Winter bestehen bleibt. So ist der Fenchel zu jeder Jahreszeit präsent.

Die Blütenstände werden häufig von Insekten auf der Nahrungssuche angeflogen, vor allem von kleineren, wie Solitärbienen, Sichelwanzen, Baumwanzen und Weichkäfern: Die kleinen Blüten sind ideal für ihre winzigen Mundwerkzeuge. Für Vögel bieten die ölreichen Früchte eine gute Energiereserve vor dem Winter.

GUTE PARTNER

BLUMEN Herbst-Anemone 'Königin Charlotte' (*Anemone × hybrida*), Silberkerze 'James Compton' (*Actaea simplex*)
GRÄSER Rasen-Schmiele 'Goldtau' (*Deschampsia cespitosa*)

MATHIASELLA

Mathiasella bupleuroides 'Green Dream'. Die roten Ränder der grünen Blüten greifen die Farbe der Stängel auf.

BOTANISCHER NAME *Mathiasella bupleuroides*
DEUTSCHER NAME Mathiasella
FAMILIE Doldenblütler
WAS SPRICHT DAFÜR?
Große Dolden aus grünen Blüten von Spätfrühling bis Hochsommer; architektonischer Fruchtstand.
BESTE SORTE
M. bupleuroides 'Green Dream'
NUTZEN FÜR DIE TIERWELT
Die großen Blüten bieten Pollen und Nektar für Hummeln; in den hohlen Stängeln überwintern Bienen, Marienkäfer, Schwebfliegen, Florfliegen und ihre Larven.
GRÖSSE Höhe: 100 cm; Pflanzdichte: 1–3 pro Quadratmeter.

Denkt man an das Grüne in der Natur oder im Garten, stellt man sich meist Blätter, Stiele und Gräser vor. Es gibt aber auch grüne Blüten. Manche davon sehen geradezu unnatürlich aus. In billigen Blumensträußen finden sich oft grell gefärbte Blüten oder Züchtungen, die nicht von Natur aus grün sind. Natürlich grüne Blumen sehen ganz anders aus: frisch und hell und lebendig. Sie erinnern an verwilderte Orte, an denen die Natur regiert. Wer grüne Blumen zum ersten Mal sieht, verliebt sich meist sofort in sie und möchte sie auch im eigenen Garten haben. Grüne Blumen sehen ungewöhnlich aus, aber auf eine ansprechende Weise.

Mathiasella ist eine architektonische Pflanze mit hellen, apfelgrünen Blüten in einer charakteristischen Dolde. Sie blüht monatelang und passt gut zu anderen Blumen, besonders zur Sterndolde – die auch Dolden trägt, aber kleinere – oder zu hellen, fiedrigen Gräsern, die ihre Doldenform hervorheben.

Mathiasella ist bei Hummeln beliebt: Die Einzelblüten der Dolden sind so groß, dass eine dicke Biene hineinkrabbeln kann. Wie bei allen Doldenblütlern überdauert ihr stabiler, hohler Stängel den Winter und dient als Unterschlupf für Marienkäfer und Florfliegen.

GUTE PARTNER

BLUMEN Große Sterndolde 'Claret' (*Astrantia major*), Purpur-Kratzdistel 'Atropurpureum' (*Cirsium rivulare*)
GRÄSER Federgras (*Stipa tenuissima*), Rasen-Schmiele 'Goldtau' (*Deschampsia cespitosa*)

PIMPINELLA

BOTANISCHER NAME *Pimpinella major*
DEUTSCHER NAME Große Bibernelle
FAMILIE Doldenblütler
WAS SPRICHT DAFÜR?
Lockere, luftige Dolden; sieht wie eine Wildblume aus; blüht von Spätfrühling bis Hochsommer.
BESTE SORTE
P. major 'Rosea'
NUTZEN FÜR DIE TIERWELT
Pollen und Nektar für Schwebfliegen und Bienen, Nektar für Schmetterlinge; in den hohlen Stängeln überwintern Bienen, Marienkäfer, Schwebfliegen, Florfliegen und ihre Larven.
GRÖSSE Höhe: 60 cm; Pflanzdichte: 5 pro Quadratmeter.

Der Blütenstand der Großen Bibernelle 'Rosea' ist doldenförmig und passt gut zu vielen anderen Pflanzen.

Die Dolden der Großen Bibernelle sehen aus wie rosafarbene Wiesen-Kerbel-Dolden auf starren Stängeln. Die Pflanze verwebt sich gut mit anderen Doldenblütlern, sodass ein lockeres Gefüge aus Stängeln und Blumen entsteht. Die hübschen Blütenköpfe mit ihren zahlreichen, dicht stehenden Einzelblüten voller Pollen und Nektar sind ein Anziehungspunkt für Insekten. Besonders beliebt ist *Pimpinella* bei kleineren Bestäubern.

Die Große Bibernelle hat eine Pfahlwurzel. Neue Stängel sprießen aus dem Bereich der Basis. Die Pflanze wächst schneller nach oben als in die Breite und bringt daher auf kleinem Raum reichlich Höhe. Sie vermehrt sich dort, wo es freie Stellen gibt, und bringt so Spontaneität und einen Hauch wilde Natur in den Garten.

GUTE PARTNER

BLUMEN Blauraute 'Blue Spire' (*Perovskia*), *Verbena macdougalii* 'Lavender Spires'
GRÄSERN Federgras (*Stipa tenuissima*)

Kerzenförmige Blütenstände

Mit einer starken vertikalen Linie und kleinen Blüten auf geraden Stängeln streben diese Blütenstände in die Höhe.

Bei diesen Blütenständen sitzen viele kleine Blüten entlang des Stängels. Die Pflanzen wachsen rasch in die Höhe – wichtig bei einem neuen Garten. Ein azurblauer Salbei oder Silberkerzen, deren buschige weiße Blütenstände sich gegen den Himmel abzeichnen, sind ein zauberhafter Anblick.

Setzt man Pflanzen mit kerzenförmigen Blütenständen nebeneinander, entstehen Farbebenen. Kleinere Ähren wirken in Gruppen aus drei oder mehr am besten Bei größeren Pflanzen reichen eine oder zwei für den gleichen Effekt. Ähren bilden ein Gefüge aus bunten Blumen, durch das andere Pflanzen hindurchwachsen können, etwa solche mit tupfenförmigen Blüten als Kontrast oder Gräser.

Die Blüten der Kerzen sind für fliegende Bestäuber ideal, aber auch für solche, die sich lieber auf die Blüte setzen. Die winzigen Trompetenblüten der Katzenminze locken Hummeln, Honigbienen und kleine Solitärbienen an. Sie öffnen sich im Laufe mehrerer Tage von unten nach oben, sodass einige Blüten offen und voller Nektar sind, während andere noch knospen. Bestäuber können die Pflanze also wiederholt aufsuchen.

LINKS Hain-Salbei 'Viola Klose'
RECHTS Katzenminze 'Walker's Low' und Hain-Salbei 'Cardamine'

Um so hochschießen und standhaft bleiben zu können, haben die meisten Blütenkerzen stabile Stängel. Im Winter tragen sie die schönsten Fruchtstände. Das Brandkraut wird bei Kälte etwa pechschwarz, während die Blauraute geisterhaft weiß ist. So bleibt der Garten auch in der kargen Jahreszeit interessant.

ACTAEA

Oktober-Silberkerze 'James Compton'

BOTANISCHER NAME *Actaea simplex*
DEUTSCHER NAME Oktober-Silberkerze
FAMILIE Hahnenfußgewächse
WAS SPRICHT DAFÜR?
Hoher und buschiger Wuchs; blüht von Früh- bis Spätherbst; Fruchtstände im Winter.
BESTE SORTE
A. simplex 'James Compton' (AGM)
NUTZEN FÜR DIE TIERWELT
Pollen und Nektar für Schwebfliegen und Bienen, Nektar für Schmetterlinge.
GRÖSSE Höhe: 150 cm; Pflanzdichte: 4 pro Quadratmeter.

Die Oktober-Silberkerze bildet einen sehr hohen traubigen Blütenstand mit weißen Blüten in Form von Flaschenbürsten auf langen, bronzefarbenen Stängeln. Sie blüht im Herbst, sodass die Blüten noch die letzten Sonnenstrahlen ergattern können.

Die großen Blätter sind ebenfalls bronzefarben. Sie sprießen im Frühsommer und machen *Actaea* für eine Weile zu einer reinen Blattpflanze. Mit dem Wuchs in die Höhe entsteht ein stabiler Stängel und wie die meisten Pflanzen mit langen schlanken Blütenständen ist auch *Actaea* eine gute Stütze für schwächere Pflanzen. Sie wirkt gut neben luftigen Gräsern wie der Rasen-Schmiele und es sieht hübsch aus, wenn ihre buschigen Blüten inmitten der zarten Halme wogen.

In der kalten Jahreszeit zeichnet sich *Actaea* als tiefschwarze Silhouette gegen den Himmel ab und überdauert den ganzen Winter.

GUTE PARTNER

BLUMEN Herbst-Anemone 'Hadspen Abundance' (*Anemone hupehensis*), Bronze-Fenchel 'Purpureum' (*Foeniculum vulgare*)
GRÄSER Rasen-Schmiele 'Goldtau' (*Deschampsia cespitosa*)

AGASTACHE

BOTANISCHER NAME *Agastache*
DEUTSCHER NAME Duftnessel, Riesenysop
FAMILIE Lippenblütler
WAS SPRICHT DAFÜR?
Lange Blütezeit; blauviolette Blüten von Hochsommer bis Frühherbst; pfeilförmige Fruchtstände.
BESTE SORTE
'Blackadder' (AGM)
NUTZEN FÜR DIE TIERWELT
Dichte Blüten mit Pollen und Nektar für Bienen und Nektar für Schmetterlinge.
GRÖSSE Höhe: 90 cm; Pflanzdichte: 6 pro Quadratmeter.

Duftnessel 'Blackadder'

Die lilafarbenen, blauen und violetten Blütenkolben der Duftnessel wachsen auf Stängeln, die geradewegs in den Himmel zeigen. Darunter, an der unteren Hälfte der Stängel, befinden sich die Blätter. Zerdrückt man sie zwischen den Fingern, riechen sie nach Lakritz und Zitrus.

Die Duftnessel wirkt besonders gut, wenn man sie im Wechsel mit Salbei und Blauraute setzt. Die drei Pflanzen verbinden sich mühelos miteinander, ohne einander zu verdrängen, und bilden Ebenen aus verschiedenen Farben.

Pflanzt man *Agastache* zusammen mit Gräsern, wird der Präriecharakter der Pflanze verstärkt. Das wallende Federgras verwischt die Starrheit der Blütenstände und wird gleich groß wie *Agastache*. Das bringt Bewegung in den Mix.

Die Scheinähren der Duftnessel bestehen aus zahlreichen kleinen, dicht stehenden Blüten. Die Blüten sind blauviolett und aus der Luft gut zu sehen: Das reichhaltige Angebot an Pollen und Nektar macht die Pflanze zu einem attraktiven Ziel für Bienen.

Nach der Blüte bilden sich Fruchtstände, die mit zunehmender Kälte dunkler werden. Im Winter zieren sie als pfeilgerade Spitzen frostglitzernd den Garten.

GUTE PARTNER

BLUMEN Blauraute 'Blue Spire' (*Perovskia*), Hain-Salbei 'Caradonna' (*Salvia nemorosa*), Scheinsonnenhut (*Echinacea*)
GRÄSER Federgras (*Stipa tenuissima*)

NEPETA

Katzenminze 'Walker's Low' und Westlicher Sonnenhut.

BOTANISCHER NAME *Nepeta racemosa*
DEUTSCHER NAME Trauben-Katzenminze
FAMILIE Lippenblütler
WAS SPRICHT DAFÜR?
Winzige Trompetenblüten erscheinen von Frühsommer bis Frühherbst, selbst bei schlechtem Wetter; hübsche silbrige Blätter.
BESTE SORTE
N. racemosa 'Walker's Low'
NUTZEN FÜR DIE TIERWELT
Dichte Blüten mit Pollen und Nektar für Bienen und Schwebfliegen sowie Nektar für Schmetterlinge. Die Große Wollbiene verwendet die weichen, flaumigen Blätter als Nistmaterial.
GRÖSSE Höhe: 60 cm; Pflanzdichte: 3 pro Quadratmeter.

Zerdrückt man die Blätter von *Nepeta racemosa*, duften sie zitrusartig und würzig, aber auch moschusartig. Der Duft weckt Bilder von heißen Nächten an exotischen Orten. Die winzigen Blüten sind intensiv blau, fast schillernd. Als weiche, blaue Wolke aus Blüten schweben sie über den blassen, silbrigen Blättern und erinnern an ein pointillistisches Gemälde.

Katzenminze hat biegsame Blütenstände, die sich leicht zur Seite neigen. Sie ist nicht sehr empfindlich und überlebt, wenn man versehentlich auf sie tritt, wobei sie ihren Duft verströmt. Und sie bringt eine angenehme Lockerheit in den Garten. Die Stängel sprießen aus einem zentralen Punkt und die Pflanze verbreitet sich nicht übermäßig. Stattdessen bedeckt sie mit ihrer geschmeidigen Üppigkeit den umliegenden Boden und lässt kaum Platz für Unkraut.

Im Sommer passen die ausgebleichten Blautöne und grünen Blätter perfekt zu anderen Pastellfarben, zu buttergelben Schafgarben, zu rosa- und lilafarbenem Salbei und zu violetten Blaurauten. Die Blüte von *Nepeta* dauert sehr lange und überschneidet sich zeitlich mit Früh- und Spätsommerpflanzen.

Die kleinen Blüten in Scheinquirlen locken Scharen von Fluginsekten an. Jede Lippenblüte hat einen Landeplatz für Bestäuber. Die nektarreichen Blüten wachsen dicht nebeneinander – ein Paradies für emsige Arbeiterinnen. Wollbienen und kleine Gartenbienen erreichen das Innere mit ihren langen Rüsseln gut. Bienen mit kurzen Rüsseln, wie etwa Dunkle und Helle Erdhummeln, beißen Löcher in die Blütenbasis und gelangen so an den Nektar.

Die Blätter von *Nepeta* sind fein behaart, daher eignet sich die Pflanze besonders für sonnige Plätze. Bei Hitze und Trockenheit wird sie nicht leicht welk, selbst wenn andere Pflanzen bereits langsam erschlaffen.

Katzenminze 'Walker's Low'. Ein Garten mit Pflanzenminze ist im Frühjahr erfüllt von Bienensummen.

GUTE PARTNER

BLUMEN Hain-Salbei 'Caradonna' (*Salvia nemorosa*), Schafgarbe 'Terracotta' (*Achillea*), Blauraute 'Blue Spire' (*Perovskia*)
GRÄSER Herbst-Blaugras (*Sesleria autumnalis*)

PEROVSKIA

Blauraute 'Blue Spire'

BOTANISCHER NAME *Perovskia*
DEUTSCHER NAME Blauraute, Perowskie
FAMILIE Lippenblütler
WAS SPRICHT DAFÜR?
Kräftiger vertikaler Wuchs; Blüte von Hochsommer bis Frühherbst; im Winter weiße Stängel.
BESTE SORTE
P. atriciplifolia 'Blue Spire'
NUTZEN FÜR DIE TIERWELT
Pollen und Nektar für Bienen, Nektar für Schmetterlinge.
GRÖSSE Höhe: 100 cm; Pflanzdichte: 4 pro Quadratmeter.

Die samtigen violetten Knospen und die winzigen Lippenblüten der Blauraute bringen in der zweiten Sommerhälfte eine blaue Blütenwolke in den Garten. Weil die Blüten in breiten Abständen voneinander entlang des Stängels sprießen, wirkt die Pflanze locker und hell. Die schlanken, blassen Stängel sind stabil, aber nicht starr, und bieten biegsameren Pflanzen eine gute Stütze.

Die Blauraute passt ausgezeichnet zu den Blütentellern der Fetthenne, die den Höhenwuchs der Blauraute betonen, sowie zu den Blüten des Scheinsonnenhuts oder zum Blütenstand der Anemone auf langen, filigranen Stängeln. Im Winter, wenn die Blüte vorbei ist, bilden die Stängel der Blauraute eine geisterhafte Silhouette, die an wolkigen Tagen erstrahlt und einen hübschen Kontrast zu dunkleren Fruchtständen bildet. Blauraute bevorzugen sonnige Plätze.

Die Pflanze ist verwandt mit dem Salbei und an sonnigen Tagen verbreitet sie einen warmen, würzigen Duft.

GUTE PARTNER

BLUMEN Herbst-Anemone 'Königin Charlotte' (*Anemone*), Bleicher Schein-sonnenhut (*Echinacea pallida*), Hain-Salbei 'Caradonna' (*Salvia nemorosa*), Fetthenne 'Matrona' (*Sedum*)
GRÄSER Ruten-Hirse 'Shenandoah' (*Panicum virgatum*)

PERSICARIA

BOTANISCHER NAME *Persicaria amplexicaulis*
DEUTSCHER NAME Kerzen-Knöterich
FAMILIE Knöterichgewächse
WAS SPRICHT DAFÜR?
Dünne Blütenkerzen; mag Schatten; blüht von Hochsommer bis zum ersten Frost.
BESTE SORTEN
'September Spires', 'Orangofield'
NUTZEN FÜR DIE TIERWELT
Pollen und Nektar für Bienen und Schwebfliegen, Nektar für Schmetterlinge.
GRÖSSE Höhe: 120 cm; Pflanzdichte: 3 pro Quadratmeter.

Mit ihren hellen, spitz zulaufenden Blütenständen ist diese Pflanze eine gute Wahl für heikle Plätze mit wenig Sonnenlicht. *Persicaria* gedeiht im Schatten und wächst zu einer kräftigen Pflanze heran, die den Boden bedeckt und Unkraut verdrängt. 'Orangofield' hat orangefarbene Blütenstände; die Blüten von 'September Spires' sind rosa.

GUTE PARTNER

BLUMEN Sterndolde 'Roma' (*Astrantia*), Mannstreu (*Eryngium × tripartitum*), Sonnenbraut 'Rubinzwerg' (*Helenium*), Wiesenknopf 'Red Buttons' (*Sanguisorba officinalis*)
GRÄSER Rasen-Schmiele 'Goldtau' (*Deschampsia cespitosa*), Federgras (*Stipa tenuissima*)

Kerzen-Knöterich 'September Spires'

GUTE PARTNER

BLUMEN Witwenblume (*Knautia macedonica*), Quirlblütiger Salbei 'Purple Rain' (*Salvia verticillata*), Duftnessel 'Blackadder' (*Agastache*)
GRÄSER Ruten-Hirse 'Rehbraun' (*Panicum virgatum*), Herbst-Blaugras (*Sesleria autumnalis*)

PHLOMIS

BOTANISCHER NAME *Phlomis russeliana, P. tuberosa*
DEUTSCHER NAME Russel-Brandkraut, Knollen-Brandkraut
FAMILIE Lippenblütler
WAS SPRICHT DAFÜR?
Blütenquirle von Sommer bis Frühherbst; schnurgerade Stängel; robuste Fruchtstände.
BESTE SORTE
P. tuberosa 'Amazone' (AGM)
NUTZEN FÜR DIE TIERWELT
Pollen und Nektar für Hummeln; im Winter Unterschlupf für Bienen, Marienkäfer, Schwebfliegen, Florfliegen und ihre Larven.
GRÖSSE Höhe: 90 cm; Pflanzdichte: 4 pro Quadratmeter.

OBEN Russel-Brandkraut
LINKS Knollen-Brandkraut 'Amazone'

Das Brandkraut blüht in auffälligen Quirlen auf geraden Stielen. Mit ihm kann man starke vertikale Akzente im Garten setzen. Die Etagen aus Blüten sind in Abständen entlang der Stängel verteilt, was eine interessante Struktur erzeugt. *Phlomis* wächst oft sehr kräftig und bildet ein dichtes Büschel.

Die Blütenringe bestehen aus kleinen Einzelblüten mit je einer Unter- und einer helmförmigen Oberlippe. Die Unterlippe dient als Landeplatz für Hummeln – die einzigen Bienen, die groß und schwer genug sind, um die Blüte zu öffnen. Wenn eine Biene die Blüten besucht, senken sich die Staubbeutel und deponieren die Pollen auf dem Rücken der Biene. Die Pollen werden so perfekt platziert, um die anderen Blüten zu bestäuben.

Phlomis passt perfekt zu Witwenblumen. Die stabilen Stängel stützen die biegsamen Witwenblumen und die beiden Pflanzen entwickeln sich miteinander. Die adretten runden Blüten der Witwenblume und die Quirle des Brandkrauts sehen zusammen sehr hübsch aus. Ich kombiniere das Brandkraut auch gern mit der Duftnessel, deren Scheinähren seinen Höhenwuchs betonen.

Phlomis ist eine Ganzjahrespflanze mit wunderschönen, beständigen Fruchtständen im Winter. Sie haben die gleiche Form wie die Blütenstände und sind sehr dunkel. Mit Frost oder Schnee überzogen sehen sie zauberhaft aus. Noch dazu sind sie sehr robust.

SALVIA

LINKS Hain-Salbei 'Caradonna'
RECHTS Salbei 'Nachtvlinder'

BOTANISCHER NAME *Salvia nemorosa, S.* × *sylvestris, S. verticillata*
DEUTSCHER NAME Hain-Salbei
FAMILIE Lippenblütler
WAS SPRICHT DAFÜR?
Lange Blütezeit von Frühsommer bis Vollherbst; „bienenblaue" Blüten.
BESTE SORTEN
S. 'Amistad', *S. nemorosa* 'Caradonna' (AGM), *S.* × *sylvestris* 'Viola Klose', *S. verticillata* 'Purple Rain', *S.* 'Nachtvlinder'
NUTZEN FÜR DIE TIERWELT
Blüten mit reichlich Pollen und Nektar für Bienen und Schwebfliegen sowie Nektar für Schmetterlinge.
GRÖSSE Höhe: 60–120 cm; Pflanzdichte: 5 pro Quadratmeter.

Die leuchtend violetten Blüten des Hain-Salbeis werden auch als „bienenblau" bezeichnet. Da Bienen im ultravioletten Spektrum sehen, fallen ihnen die intensiven Blau- und Lilatöne der Blüten sofort auf. Zu den bienenblauen Pflanzen zählen zudem der Mannstreu (*Eryngium*), die Duftnessel (*Agastache*) und die Blauraute (*Perovskia*). Bienenblaue Blüten haben oft ultraviolette Markierungen an ihren Blütenblättern, die für Menschen unsichtbar sind, aber Bienen anlocken: Wegweiser zum Nektar. Krabbelt eine Biene in eine der trompetenförmigen Blüten, senken sich durch das Gewicht der Biene die Staubblätter und deponieren die Pollen auf dem Rücken der Biene. Nun liegen die Pollen perfekt, um die anderen Blüten zu bestäuben.

Salvia bildet aufrechte Blütenstände, deren kleine Blüten entlang kräftiger, schlanker Stängel wachsen. Durch die Abstände zwischen den Blüten erscheinen die Pflanzen luftig und hell. 'Caradonna' ist dunkelviolett mit schwarzen Stängeln. Die Blüten öffnen sich aus den Knospen in alle Richtungen. Im Frühling schmücken die Knospen den Garten fast so hübsch wie im Sommer die Blüten. Diese Pflanze ist die beste Wahl, wenn man sehr dunkle, violette Farben haben möchte. Zwei oder drei Pflanzen zusammen bilden einen intensiven Farbakzent. Dazu passen andere blaue und violette Blütenstände, etwa andere Salbei-Arten. Die Pflanze wächst stark in die Höhe, aber wenig in die Breite und lässt anderen Pflanzen Platz. 'Viola Klose' ist hellviolett und passt gut zu 'Caradonna'. 'Amethyst' passt zu blassen, rosigen Blumen.

'Amistad' ist ein Salbei mit verdrehten Stängeln, der über 100 cm hoch werden kann. Die Pflanze ist ästiger und buschiger als andere *Salvia*-Pflanzen und hat größere Blätter und Blüten. 'Purple Rain' ist ein biegsamerer

Salbei mit Quirlen aus lilafarbenen Blüten und hübschen, pelzigen Blättern.

Am besten pflanzt man den Hain-Salbei neben stützende Pflanzen, da er sich sonst schnell zur Seite neigt. Brandkraut oder Eisenkraut sind geeignete Nachbarn für ihn.

Alle Salbei-Arten haben viel zu bieten. Sie blühen ab Frühsommer wochenlang, danach kommt es nach einer kurzen Flaute zur Nachblüte. Wer ungeduldig ist, kann die welken Blütenstände abschneiden und dadurch neuen Blütenwuchs anregen.

GUTE PARTNER

BLUMEN Storchschnabel 'Brookside' (*Geranium*), Katzenminze 'Walker's Low' (*Nepeta racemosa*), Westlicher Sonnenhut (*Rudbeckia occidentalis*)

GRÄSER Federgras (*Stipa tenuissima*), Blaues Pfeifengras 'Moorhexe' (*Molinia caerulea* subsp. *caerulea*)

STACHYS

Stachys officinalis 'Hummelo'

BOTANISCHER NAME *Stachys officinalis, S. byzantinus*
DEUTSCHER NAME Echter Ziest, Woll-Ziest
FAMILIE Lippenblütler
WAS SPRICHT DAFÜR?
Langlebige Blütenähren von Frühsommer bis Frühherbst; spitz zulaufende Fruchtstände.
BESTE SORTE
S. officinalis 'Hummelo'
NUTZEN FÜR DIE TIERWELT
Pollen und Nektar für Bienen sowie Nektarquelle für Schmetterlinge. *S. byzantinus* bietet Nistmaterial für die Große Wollbiene.
GRÖSSE Höhe: 50 cm; Pflanzdichte: 5 pro Quadratmeter.

Der Name *Stachys* kommt vom griechischen Wort *stachus* („Ähre"). Alle Pflanzen dieser Gattung haben kerzenförmige Blütenstände. *Stachys officinalis* ist eine adrette, gerade Pflanze mit grünen, ledrigen Blättern im unteren Bereich des Stängels. Die ährigen Blütenstände befinden sich allesamt an der Spitze und ähneln kleinen Flaschenbürsten. Die Pflanze und ihre winzigen Lippenblüten sind beliebt bei Bienen und anderen Bestäubern. Meine liebste Sorte ist 'Hummelo', gezüchtet von Piet Oudolf. Dieser Pionier der neuen Staudengärten benannte sie nach seinem niederländischen Heimatdorf.

Für warme, sonnige Plätze gibt es kaum eine bessere Wahl als *Stachys byzantinus*, den Woll-Ziest. Die Pflanze wächst wild in der Türkei und im Iran. Jedes Blatt, jeder Stängel und jede Knospe sind von einem silbrigen, pelzigen Flaum bedeckt, der die Pflanze vor Sonnenhitze schützt. Die Blätter sind weich und dick und erinnern an ein Fell. Man muss sie einfach anfassen! Der Woll-Ziest blüht in kleinen rosa- und lilafarbenen Quirlen, wird aber vor allem wegen seiner Blätter angepflanzt. Im Sommer entdecken Sie darauf vielleicht eine Wollbiene, die die feine „Wolle" von den Blättern zupft, um sie als Nistmaterial zu verwenden.

GUTE PARTNER

BLUMEN Quirlblütiger Salbei 'Purple Rain' (*Salvia verticillata*), Katzenminze 'Walker's Low' (*Nepeta racemosa*), Blauraute 'Blue Spire' (*Perovskia*), Scheinsonnenhut 'White Swan' (*Echinacea purpurea*)
GRÄSER Rasen-Schmiele 'Goldtau' (*Deschampsia cespitosa*)

VERONICASTRUM

Mit ihren langen, architektonischen Stängeln und den hochstrebenden Blütenständen ist *Veronicastrum* im Spätsommer in puncto Höhe und Struktur fast einzigartig. Die Pflanze wird bis zu 150 cm groß und hat spitz zulaufende Blütenähren, die an Kerzenhalter erinnern.

Veronicastrum passt gut zu anderen Blumen auf langen, glatten, locker stehenden Stängeln. Die verstreuten Köpfchen des Wiesenknopfs oder ähnlich große Anemonen sind geeignete Partner: Ihre adretten, runden Blumen bilden einen schönen Formenkontrast. Auch hohe Gräser mit zarten Blütenständen, wie *Miscanthus* oder *Panicum*, eignen sich gut.

Der Kandelaber-Ehrenpreis ist ein Anziehungspunkt für Bienen, Schwebfliegen, Tag- und Nachtfalter. Die Blüten öffnen sich nacheinander, was einen hübschen zweifarbigen Effekt ergibt und die Insekten jeden Tag aufs Neue mit Pollen und Nektar lockt.

Im Spätherbst verwelken die Blüten, aber die Kandelaberform bleibt erhalten und ragt elegant in den Winterhimmel.

Kandelaber-Ehrenpreis 'Album'

BOTANISCHER NAME *Veronicastrum virginicum*
DEUTSCHER NAME Kandelaber-Ehrenpreis
FAMILIE Wegerichgewächse
WAS SPRICHT DAFÜR?
Hohe, architektonische Form; späte Blüte von Hochsommer bis Frühherbst.
BESTE SORTE
V. virginicum 'Album' (AGM)
NUTZEN FÜR DIE TIERWELT
Reich an Pollen und Nektar für Bienen sowie Nektar für Schmetterlinge.
GRÖSSE Höhe: 150 cm; Pflanzdichte: 5 pro Quadratmeter.

GUTE PARTNER

BLUMEN Anemone 'Hadspen Abundance' (*Anemone hupehensis*), Wiesenknopf 'Red Buttons' (*Sanguisorba officinalis*), Wiesenraute 'Album' (*Thalictrum delavayi*)
GRÄSER Chinaschilf (*Miscanthus sinensis*), Ruten-Hirse 'Shenandoah' (*Panicum virgatum*)

Tupfen

Es gibt viele Blumen, die in einem Garten wie farbige Punkte wirken: dichte, leuchtende Köpfchen, kleine Kelche, farbintensive Blütenteller und kreisförmige oder kugelige Blütenkörbchen.

Die vorherrschende Form einer tupfenförmigen Blüte ist ein Kreis. Scheinsonnenhüte, Sonnenbräute und Sonnenhüte sehen mit ihren bunten Zungenblüten um einen zentralen Knopf wie große Gänseblümchen aus. In der ersten Sommerhälfte schießen die Pflanzen in die Höhe und bringen dann auf jedem Stängel eine einzelne Korbblüte hervor. In der freien Natur findet man sie in Prärien, wo ihre Tupfen hoch über den anderen Pflanzen wippen und um die Aufmerksamkeit der vorbeifliegenden Bestäuber buhlen.

Pflanzen wie Witwenblumen, Nelken und Storchschnäbel tragen mehrere kleine Blüten. Der Grünanteil der Pflanzen ist im Vergleich zur Blüte größer, wodurch die Farbtupfen hervorstechen – manchmal als Blütenwolken auf einem hohen Gerüst aus Stängeln, manchmal über belaubten Bodendeckern.

Tupfen passen gut zu Dolden, Kerzen und Schirmrispen. Ein Büschel Margeriten wird so hoch wie eine Schafgarbe oder Fetthenne, trägt aber eine kontrastierende Form an ihrer Spitze. Größere Tupfen auf langen Stängeln verleihen hauchzarten Rispen mehr Nachdruck und harmonieren mit Gräsern, während ein Scheinsonnenhut über einer Reihe von Ähren einen kräftigen Akzent setzt.

OBEN Mazedonische Witwenblume
GEGENÜBER Sonnenbraut 'Moerheim Beauty'

ANEMONE

Herbst-Anemone 'Robustissima'

BOTANISCHER NAME *Anemone hupehensis, Anemone × hybrida*
DEUTSCHER NAME Herbst-Anemone
FAMILIE Hahnenfußgewächse
WAS SPRICHT DAFÜR?
Robuste Blüten von Spätsommer bis Spätherbst; wollige Fruchtstände.
BESTE SORTEN
Anemone hupehensis var. *japonica* 'Pamina' (AGM), *A. hupehensis* 'Hadspen Abundance' (AGM), *A. × hybrida* 'Honorine Jobert' (AGM), *A. × hybrida* 'Königin Charlotte' (AGM), *A. × hybrida* 'Robustissima'
NUTZEN FÜR DIE TIERWELT
Pollen und Nektar für Bienen und Schwebfliegen, Nektar für Schmetterlinge; der Flaum der Fruchtstände wird als Nistmaterial verwendet.
GRÖSSE Höhe 100–150 cm; Pflanzdichte: 6 pro Quadratmeter.

Die runden, tellerförmigen Blüten auf langen, geraden Stängeln machen Anemonen zu wundervollen Herbstblumen. Sie schmücken den Garten mit ihren schimmernden Farben und einem goldenen Knopf in jeder Blüte. In meinem ersten Garten erkannte ich, wie robust sie sind. Sie passten nicht in meinen Plan und ich versuchte, sie auszugraben. Die Anemonen setzten sich jedoch durch, worüber ich heute glücklich bin, denn mittlerweile liebe ich sie.

Ob Kirschrot, Bonbonrosa oder Weiß – die Farben der Anemonen sind äußerst hübsch und ihre zarten, aber stabilen Blüten trotzen Wind und Regen. Die blasseren Arten haben an der Unterseite oft eine dunkelrote Zeichnung, die man sehen kann, wenn ihre Köpfchen vom Wind zerzaust werden.

Die runden Blüten der Anemonen bilden einen attraktiven Formenkontrast zu den im Spätsommer blühenden Silberkerzen mit ihrer Flaschenbürstenform. Auch die Farben ihrer Blütenblätter harmonieren mit den bronzefarbenen Blättern der Silberkerzen. Zarte, büschelige Pflanzen wie Fenchel oder die Rasen-Schmiele heben die Blüten besonders hervor.

Im Frühwinter verwandeln sich die Blüten in fluffige Fruchtstände, die wie Wattebäusche auf den schlanken Stängeln thronen.

GUTE PARTNER

BLUMEN Oktober-Silberkerze 'James Compton' (*Actaea simplex*), Bronze-Fenchel 'Purpureum' (*Foeniculum vulgare*)
GRÄSER Rasen-Schmiele 'Goldtau' (*Deschampsia cespitosa*)

ASTER

BOTANISCHER NAME *Symphyotrichum, Eurybia, Doellingeria, Aster*
DEUTSCHER NAME Aster
FAMILIE Korbblütler
WAS SPRICHT DAFÜR?
Geeignet für schattige Plätze; Blütenstände von Spätsommer bis Frühherbst.
BESTE ARTEN UND SORTEN
Symphyotrichum cordifolius (Syn.: *Aster cordifolius*) 'Little Carlow', *Symphyotrichum novae-angliae* (Syn.: *Aster novae-angliae*) 'Violetta', *Eurybia* × *herveyi* (Syn.: *Aster macrophyllus* 'Twilight'), *Doellingeria umbellata* (Syn.: *Aster umbellatus*)
NUTZEN FÜR DIE TIERWELT
Die Korbblütler bieten Pollen und Nektar für Bienen und Schwebfliegen sowie Nektar für Schmetterlinge.
GRÖSSE Höhe: 90 cm; Pflanzdichte: 5 pro Quadratmeter.

Raublatt-Aster 'Violetta'

Astern blühen im Spätsommer in einem Farbfeuerwerk, jede Blume mit einem gelben Knopf in der Mitte. Geeignet für Plätze mit wenig Licht, trotzen die Pflanzen schwierigen Bedingungen. Taxonomen klassifizierten in den letzten Jahren viele Astern neu, um die Größe der Gattung – zu der einst 500 Pflanzen zählten – zu verringern. Darum finden Sie wahrscheinlich die hier unter anderen Namen genannten Pflanzen in den Gartencentern noch immer unter dem Namen *Aster*. Lilafarbene Astern wie etwa *Symphyotrichum cordifolius* 'Little Carlow' nehmen mit ihren ersten Fruchtständen die dunklen Töne des Herbstes an.

Astern wachsen oft sehr dicht, was vor allem später im Jahr kein Nachteil ist, und sie passen gut zu markanten Formen. Lilafarbene Astern betonen das Dunkelrot der Fetthenne, das Rosa in einer Rasen-Schmiele und den Bronzeton eines *Actaea*-Blatts. *S. novae-angliae* 'Violetta' hebt leuchtend violette Blüten hervor. Ein Mix aus Gräsern und kleinblütigen Astern wie *Eurybia* × *herveyi* oder *Doellingeria umbellata* wirkt sehr natürlich.

GUTE PARTNER

BLUMEN Oktober-Silberkerze 'James Compton' (*Actaea simplex*), Sonnenbraut 'Moerheim Beauty' (*Helenium*), Fetthenne 'Matrona' (*Sedum*)
GRÄSER Pfeifengras 'Moorhexe' (*Molinia caerulea* subsp. *caerulea*), Herbst-Blaugras (*Sesleria autumnalis*)

CIRSIUM

Purpur-Kratzdistel 'Atropurpureum'

BOTANISCHER NAME *Cirsium rivulare*
DEUTSCHER NAME Kratzdistel
FAMILIE Korbblütler
WAS SPRICHT DAFÜR?
Leuchtende Distelblüten von Frühsommer bis Frühherbst; bringt Höhe in die Randbeete.
BESTE SORTEN
'Atropurpureum', 'Trevor's Blue Wonder'
NUTZEN FÜR DIE TIERWELT
Pollen und Nektar für Schwebfliegen und Bienen, Nektar für Schmetterlinge.
GRÖSSE Höhe: 150 cm; Pflanzdichte: 2 pro Quadratmeter.

Wie die Blätter einer wilden Distel sind auch jene von *Cirsium rivulare* scharf gezähnt. Die bauschigen Blütenkörbchen auf langen Stängeln ragen aus ihren zackig gemusterten Kelchen hervor. Die Kombination aus den leuchtenden Farben der verschiedenen Sorten und dem wilden Charakter der Pflanze macht sie zu einer interessanten Wahl. Sie bietet das Beste aus beiden Welten: Stacheligkeit und Farbe.

Trotz ihrer wilden Erscheinung ist die Pflanze „brav“. Sie wächst aus einem zentralen Punkt und bleibt an ihrem Platz. Oft breitet sie sich zwar ein wenig zur Seite aus, sie verteilt aber keine Samen. Zur Blütezeit wimmelt es auf den Blumen vor Bienen, aber die flauschigen Fruchtstände bleiben im Herbst nicht lange bestehen.

GUTE PARTNER

BLUMEN Wiesenknopf 'Red Buttons' (*Sanguisorba officinalis*), Sterndolde 'Hadspen Blood' (*Astrantia*), Hain-Salbei 'Caradonna' (*Salvia nemorosa*), Bronze-Fenchel 'Purpureum' (*Foeniculum vulgare*)
GRÄSER Rasen-Schmiele 'Goldtau' (*Deschampsia cespitosa*)

DIANTHUS

BOTANISCHER NAME *Dianthus carthusianorum, D. cruentus*
DEUTSCHER NAME Kartäuser-Nelke, Blut-Nelke
FAMILIE Nelkengewächse
WAS SPRICHT DAFÜR? Leuchtende Farbe, dezenter Duft; Blüten von Frühsommer bis Frühherbst.
NUTZEN FÜR DIE TIERWELT *Dianthus carthusianorum* bietet Nektar für Schmetterlinge; *D. cruentus* bietet Pollen und Nektar für Bienen und Schwebfliegen.
GRÖSSE Höhe: 50 cm; Pflanzdichte: 5 pro Quadratmeter.

Blut-Nelke

Wilde Nelken haben wenig mit den rüschigen Nelken aus den Supermarkt-Blumensträußen zu tun. *Dianthus carthusianorum* und *D. cruentus* sind die erste Wahl für intensive rote Farbtupfer im Garten. Die Kartäuser-Nelke trägt kleine Blüten auf drahtigen Stängeln, die aussehen, als schwebten sie in der Luft, während die Blut-Nelke ein Büschel aus Blüten bildet. In der Abenddämmerung leuchten ihre Farben. Die schlanken Stängel und grasartigen Blätter wirken zart, aber die Pflanzen sind durchaus robust: Sie sind widerstandsfähig und bleiben bei jedem Wetter standhaft.

Dank der grasartigen Blätter kann man *Dianthus* nahe an andere Pflanzen setzen. Die Nelke vermischt sich mit ihnen, ohne ihnen die Sonne zu nehmen. Besonders schön wirken die Blüten inmitten von Federgräsern oder neben *Echinacea*.

Die einfachen Blüten sind bei Bestäubern beliebt. Die Kartäuser-Nelke wird von Schmetterlingen bestäubt, deren lange Beine die Pollen aufsammeln, während sie mit dem Rüssel den Nektar aus der Blütenmitte saugen. Die Blut-Nelke wird darüber hinaus auch von Bienen bestäubt.

GUTE PARTNER

BLUMEN Sterndolde ‘Hadspen Blood’ (*Astrantia*), Hain-Salbei ‘Caradonna’ (*Salvia nemorosa*), Katzenminze ‘Walker’s Low’ (*Nepeta racemosa*)
GRÄSER Mittleres Zittergras (*Briza media*), Federgras (*Stipa tenuissima*)

ECHINACEA

BOTANISCHER NAME *Echinacea pallida, E. purpurea*
DEUTSCHER NAME Scheinsonnenhut
FAMILIE Korbblütler
WAS SPRICHT DAFÜR?
Korbblüten von Frühsommer bis Frühherbst; kugelige Fruchtstände.
BESTE SORTEN
E. purpurea 'Happy Star', *E. purpurea* 'White Swan'
NUTZEN FÜR DIE TIERWELT
Die Blütenkörbe bieten Pollen und Nektar für Bienen und Schwebfliegen sowie Nektar für Schmetterlinge.
GRÖSSE Höhe: 100 cm; Pflanzdichte: 6 pro Quadratmeter.

Bei *Echinacea* denkt man vielleicht eher an Grippe und Erkältungen, aber die Pflanze ist auch eine beliebte Gartenstaude.

Sie erinnert ein wenig an eine von Kinderhand gezeichnete Blume: ein sehr gerader, vertikaler Stängel, eine runde Mitte und ein Kreis aus Blütenblättern. Wie die Sonnenbraut und der Sonnenhut besteht auch der Scheinsonnenhut aus Korbblüten. Was oft für die Kronblätter gehalten wird, sind eigentlich die Zungenblüten.

Echinacea blüht im Hochsommer. Das Polster in der Mitte ist anfangs flach gerundet, wächst aber mit zunehmender Reife in die Höhe, bis es stark ausgeprägt ist. Die offenen Blütenteller sind bei Schmetterlingen und Bienen sehr beliebt, da die Zungenblüten einen Landeplatz und Zugang zum Korb bilden. Bienen lieben diese Blüten so sehr, dass sich oft mehrere von ihnen gleichzeitig auf einer Korbblüte tummeln. Auch Schmetterlinge kehren ein und halten sich mit ihren Beinchen am Rand fest, während sie den Nektar aus der Mitte saugen.

Echinacea pallida hat einen wilden Charakter. Die Pflanze wird über 100 cm hoch und gehört mit ihrem dunkelroten Korb und den langen, herabhängenden, blassrosa Zungenblüten zu meinen Lieblingsblumen. Ihr langer Stängel erinnert an ihren Ursprung in der Prärie Nordamerikas, wo sie wild und anmutig zwischen längeren Gräsern wächst. Mir gefällt, wie sie im Garten an verschiedenen Stellen auftaucht und sich unter die anderen hohen Pflanzen mischt.

Echinacea purpurea 'White Swan' hat weiße, grün überlaufene Zungenblüten und eine dottergelbe Mitte. Ich kombiniere die Blume gern mit der Sorte 'Happy Star' (die ähnlich aussieht, aber flacher ist) sowie mit Fetthennen und Chinaschilf. Beide Sorten verfügen über robuste Stängel und blasse Blütenkörbe in auffallenden Formen.

Einige der bunteren Scheinsonnenhüte wachsen nur etwa 3–4 Jahre lang im Garten. Vielleicht bemerken Sie eines Sommers plötzlich, dass sie nicht mehr da sind. (Ein paar Handvoll Kies, die beim Pflanzen in die Erdlöcher gestreut werden, verlängern ihr Leben angeblich ein wenig.) *Echinacea pallida* ist jedoch viel verlässlicher und sät sich ausgiebig aus. Die Sämlinge wachsen zu sortenechten Stauden heran, die alle Eigenschaften der Mutterpflanze aufweisen.

Roter Scheinsonnenhut

GUTE PARTNER

BLUMEN Blauraute 'Blue Spire' (*Perovskia*), Fetthenne 'Matrona' (*Sedum*), Hain-Salbei 'Caradonna' (*Salvia nemorosa*)

GRÄSER Federgras (*Stipa tenuissima*), Chinaschilf (*Miscanthus sinensis*)

Blüten- und Fruchtstand der Kugeldistel haben die gleiche kugelrunde Form.

ECHINOPS

BOTANISCHER NAME *Echinops ritro*
DEUTSCHER NAME Ruthenische Kugeldistel
FAMILIE Korbblütler
WAS SPRICHT DAFÜR?
Kugelrunde, leuchtend blaue Blütenstände von Hoch- bis Spätsommer; langlebige Fruchtstände in Schlägelform.
BESTE SORTE
E. ritro 'Veitch's Blue'
NUTZEN FÜR DIE TIERWELT
Pollen und Nektar für Schwebfliegen und Bienen; Nektar für Schmetterlinge; in den hohlen Stängeln überwintern Bienen, Marienkäfer, Schwebfliegen, Florfliegen und ihre Larven.
GRÖSSE Höhe: 120 cm; Pflanzdichte: 3 pro Quadratmeter.

Ruthenische Kugeldistel

Der distelige Charakter von *Echinops* zeigt sich in den stacheligen grünen Blättern, dem hohlen Stängel und der langen Pfahlwurzel. Die Pflanze ist hoch, stabil und ein wenig plump, weswegen man sie am besten mit anderen Pflanzen umgibt. Ihre steife Erscheinung wird jedoch durch die auffälligen Blüten wieder ausgeglichen. Die leuchtend blauen Kugeln haben eine perfekte runde Form und stehen einzeln auf den Stängeln.

Die Kugeldistel wirkt gut neben Mannstreu, der eine ähnliche Höhe und Form hat. Beide Pflanzen haben stämmige, aufrechte Stängel, dichte, geometrische Blüten und eine Pfahlwurzel. Die Kugeldistel ist eine geeignete Nachbarin für die Schafgarbe, deren Blütenteller einen starken Formenkontrast bilden. Auch die Fruchtstände haben eine Kugelform und bleiben lang bestehen.

GUTE PARTNER

BLUMEN Duftnessel 'Blackadder' (*Agastache*), Scheinsonnenhut (*Echinacea pallida*), Mannstreu (*Eryngium agavifolium*), Hain-Salbei 'Viola Klose' (*Salvia × sylvestris*), Quirlblütiger Salbei 'Purple Rain' (*Salvia verticillata*)
GRÄSER Herbst-Blaugras (*Sesleria autumnalis*), Riesen-Federgras (*Stipa gigantea*)

GERANIUM

Storchschnabel 'Azure Rush'

BOTANISCHER NAME *Geranium*
DEUTSCHER NAME Storchschnabel, Geranie
FAMILIE Storchschnabelgewächse
WAS SPRICHT DAFÜR?
Blüht von Spätfrühling bis Vollherbst; verdrängt Unkraut.
BESTE SORTEN
G. 'Ann Folkard' (AGM), *G.* 'Azure Rush', *G.* 'Brookside' (AGM), *G.* × *oxonianum* 'Rose Clair'
NUTZEN FÜR DIE TIERWELT
Nektarquelle für Hummeln und Schmetterlinge.
GRÖSSE Höhe: 30 cm; Pflanzdichte: 3 pro Quadratmeter.

Als Geranien werden oft die leuchtend bunten Balkonblumen bezeichnet, die aber eigentlich Pelargonien sind. Echte Geranien (Storchschnäbel) sind robuste Pflanzen, die – anders als Pelargonien – gerne im Freien überwintern. Sie haben hübsche geometrische Blüten, meist in Blau, Rosa oder Weiß, und grüne Laubblätter.

Es gibt unzählige *Geranium*-Sorten, die sich vorwiegend durch die Farben ihrer Blüten unterscheiden. In Blau gibt es *G.* 'Brookside', in Blassblau *G.* 'Azure Rush' und in Violett oder Lila sind G. 'Ann Folkard' oder *G.* × *oxonianum* 'Rose Clair' zu empfehlen. Viele Storchschnäbel haben einen schwarzen Fleck in der Blütenmitte und Linien auf den Blütenblättern, die Bestäubern den Weg in die Blütenmitte weisen.

Storchschnäbel sind gute Füllpflanzen und bedecken ihren Platz rasch mit dichten Blättern, die höhere Blumen betonen und Unkraut in Schach halten. Die Blüten sind als bunte Tupfen zwischen den Blättern verstreut.

GUTE PARTNER

BLUMEN Sizilianischer Honiglauch (*Nectaroscordum siculum*), Hain-Salbei 'Amethyst' (*Salvia nemorosa*), Sonnenhut (*Rudbeckia occidentalis*)
GRÄSER Herbst-Blaugras (*Sesleria autumnalis*)

HELENIUM

Helenium hat kupferrote Korbblüten mit einer kugeligen Mitte. Sie blühen in der zweiten Sommerhälfte. Die warmen, erdigen Farben erinnern an lange, entspannte, sonnige Sommertage. Die Mitte der Blütenkörbe ist rund wie ein Ball, getragen von langen, geraden Stängeln und umringt von den Zungenblüten. Die Heimat der Sonnenbraut liegt in der Prärie Nordamerikas, wo die Pflanze den Frühsommer damit verbringt, noch vor der Blütezeit möglichst groß zu werden. Darum ist sie eine gute Wahl, um Höhe in den Garten zu bringen. 'Moerheim Beauty' hat Blütenblätter in sattem Orangerot, die aus einer kastanienbraunen Mitte nach unten wachsen und an Federbälle erinnern. 'Rubinzwerg' ist kleiner, die Blüten röter und flacher, aber mit der gleichen ausgeprägten Mitte; ideal für kleine Gärten. Die Blütezeit dauert bei beiden 3 Monate.

Helenium gehört zu den Korbblütlern. Die Röhrenblüten in der Mitte öffnen sich nacheinander von außen nach innen. Oft arbeiten sich Bienen kreisförmig ins Innere vor und kehren jeden Tag wieder, um die neuen Pollen zu sammeln.

Nachdem die Blüten im Herbst ihre Farbe verloren haben, bleibt der kugelige Fruchtstand auf dem Stängel stehen – ein schwarzer Punkt, der den ganzen Winter überdauert.

Sonnenbraut 'Moerheim Beauty'

BOTANISCHER NAME *Helenium*
DEUTSCHER NAME Sonnenbraut
FAMILIE Korbblütler
WAS SPRICHT DAFÜR?
Büte von Hoch- bis Spätsommer; kugelige Fruchtstände.
BESTE SORTEN
H. 'Moerheim Beauty' (AGM), *H.* 'Rubinzwerg'
NUTZEN FÜR DIE TIERWELT
Pollen und Nektar für Schwebfliegen und Bienen, Nektar für Schmetterlinge.
GRÖSSE Höhe: 120 cm; Pflanzdichte: 6 pro Quadratmeter.

GUTE PARTNER

BLUMEN Westlicher Sonnenhut (*Rudbeckia occidentalis*), Mannstreu (*Eryngium agavifolium*), Wiesenknopf 'Red Buttons' (*Sanguisorba officinalis*)
GRÄSER Rasen-Schmiele 'Goldtau' (*Deschampsia cespitosa*), Federgras (*Stipa tenuissima*)

KNAUTIA

Mazedonische Witwenblume

Die Witwenblume hat leuchtend karmesinrote Blütenköpfchen auf dünnen Stängeln und passt zu vielen anderen Pflanzen. Die Köpfchen sehen wie kleine bunte Kuppeln mit weichen Stacheln aus. Die Witwenblume gehört zur Familie der Kardengewächse. Ihr wilder Ursprung zeigt sich in der großen Anzahl der Blütenköpfe, den scharf gezähnten Blättern und ihrem lockeren Wuchs.

Knautia gehört zu den Stauden mit der längsten Blütezeit. Die ersten Blumen öffnen sich im Frühsommer und weitere folgen bis zum Herbstbeginn. Jede Blüte dauert nur 2 Wochen, aber die Blumen erscheinen nacheinander. Nach der Blütezeit bilden sich hübsche Fruchtstände in Form von grünen Kugeln, die sich im Wind wiegen.

Die bunten Blütenblätter, die weichen Stängel und die Köpfchen, die sich zueinander neigen, während die Wurzeln an ihrem Platz bleiben, machen die Pflanze perfekt für kleine Gärten. Ideal ist ein sonniger Platz. Die Pflanze wirkt mit zunehmender Größe wilder, aber sie nimmt nicht Überhand. Ich kombiniere sie am liebsten mit dem Brandkraut – ein luftiger, heller Mix.

BOTANISCHER NAME *Knautia macedonica*
DEUTSCHER NAME Mazedonische Witwenblume
FAMILIE Kardengewächse
WAS SPRICHT DAFÜR? Leuchtende Farbtupfen auf schlanken Stielen; Blüte von Frühsommer bis Spätherbst; kugelige Fruchtstände.
NUTZEN FÜR DIE TIERWELT Blüten mit reichlich Pollen und Nektar für Bienen, Nektar für Schmetterlinge.
GRÖSSE Höhe: 150 cm; Pflanzdichte: 5 pro Quadratmeter.

GUTE PARTNER

BLUMEN Russel-Brandkraut (*Phlomis russeliana*), Schafgarbe 'Summerwine' (*Achillea*), Quirlblütiger Salbei 'Purple Rain' (*Salvia verticillata*), Westlicher Sonnenhut (*Rudbeckia occidentalis*)
GRÄSER Herbst-Blaugras (*Sesleria autumnalis*)

RUDBECKIA

Rudbeckia hat einen Kranz aus gelben Zungenblüten mit einem schwarzen Polster aus Röhrenblüten in der Mitte. In der Natur wächst die Pflanze in der Prärie und passt im Garten daher gut zu Gräsern und anderen Präriepflanzen – etwa zu *Helenium*, *Echinacea* und höheren Gräsern. Sie wächst im Frühsommer zügig hoch und überragt schließlich die anderen Blumen. Jeder Stängel trägt eine adrette gelbe Blüte.

Rudbeckia fulgida var. *sullivantii* 'Goldsturm' hat große gelbe Blütenkörbe mit tiefschwarzer Mitte und geraden Stielen. *R. triloba* ist kleiner. *R. occidentalis* ist ein ungewöhnlicher, markanter Sonnenhut. Er hat den gleichen schwarzen Knopf, aber keine Blütenblätter (Zungenblüten). Pflanzen Sie ihn in Kombination mit dem Salbei 'Amistad', der ähnlich hoch wird, oder mit dem Agavenblättrigen Mannstreu, der ebenfalls gerade Stängel und runde Knopfblüten hat.

Alle Sonnenhüte sind gute Lockvögel für Bienen, Schwebfliegen und Schmetterlinge. Die Röhrenblüten des Blütenkorbs stehen dicht gedrängt, so wie es die Bestäuber mögen. Sie öffnen sich in konzentrischen Kreisen an aufeinanderfolgenden Tagen.

Alle Sonnenhüte überdauern bis in den Herbst und Winter hinein. Die Blütenblätter fallen ab, aber die Fruchtstände bleiben bis zum Rückschnitt bestehen.

GUTE PARTNER

BLUMEN Aster (*Eurybia × herveyi*), Bronze-Fenchel 'Purpureum' (*Foeniculum vulgare*), Sonnenbraut 'Moerheim Beauty' (*Helenium*), Hain-Salbei 'Caradonna' (*Salvia nemorosa*)

GRÄSER Rasen-Schmiele 'Goldtau' (*Deschampsia cespitosa*), Federgras (*Stipa tenuissima*)

Dreilappiger Sonnenhut

BOTANISCHER NAME *Rudbeckia fulgida, R. occidentalis, R. triloba*

DEUTSCHER NAME Sonnenhut

FAMILIE Korbblütler

WAS SPRICHT DAFÜR?
Kugelige Blüten von Frühsommer bis Frühherbst; langlebige Fruchtstände auf langen Stängeln.

BESTE SORTE
Rudbeckia fulgida var. *sullivantii* 'Goldsturm'

NUTZEN FÜR DIE TIERWELT
Pollen und Nektar für Bienen, Schwebfliegen und Florfliegen, Nektar für Schmetterlinge. In den hohlen Stängeln überwintern Solitärbienen, Marienkäfer, Schwebfliegen, Florfliegen und ihre Larven.

GRÖSSE Höhe: 60–120 cm; Pflanzdichte: 3 pro Quadratmeter.

Schirmrispen

Eine Schirmrispe besteht aus unzähligen kleinen Blüten, die zusammen einen Blütenteller bilden.

Der botanische Name für einen tellerförmigen Blütenstand ist *Corymbus*, was im Lateinischen so viel wie Traube oder Strauß bedeutet. Die meisten Schirmrispen blühen in horizontalen, sich überlappenden Blütenschichten, die eine flache Ebene aus Struktur und Farbe bilden. Der eigenwillige Aufbau aus Blütentellern auf kräftigen Stängeln passt perfekt in kleine Stadtgärten.

Schirmrispen passen gut zu anderen Schirmrispen und zu Pflanzen mit ähnlicher Struktur, aber in anderen Formen. Sie entwickeln sich meist auf Bodenhöhe aus dem Wurzelhals und bleiben an dem Platz, an dem sie gepflanzt wurden. Die meisten Laubblätter befinden sich an der Basis der Pflanze und nehmen anderen Pflanzen kaum Licht.

Die Anordnung der Blüten – viele, dicht gedrängt und flach ausgebreitet wie Untertassen – ist ideal für Bestäuber. Nektar und Pollen sind leicht zugänglich und nicht selten sieht man mehrere Insekten um den Platz auf einer einzelnen Schirmrispe buhlen.

Wie alle Stauden blühen auch diese Pflanzen bereits im ersten Jahr, wenn man sie aus einem 9-cm-Topf pflanzt. Sie sind attraktive Ganzjahrespflanzen: früher Blattwuchs, tolle Farben sowie architektonische Blüten- und Fruchtstände, die im Herbst markante Formen bilden und bis in den Winter bestehen bleiben.

OBEN Fetthenne 'Matrona'
GEGENÜBER Schafgarbe 'Summerwine'

ACHILLEA

Schafgarbe 'Credo'

BOTANISCHER NAME *Achillea millefolium*
DEUTSCHER NAME Schafgarbe
FAMILIE Korbblütler
WAS SPRICHT DAFÜR?
Architektonische Blüten von Früh- bis Spätsommer.
BESTE SORTEN
'Credo', 'Summer Wine', 'Terracotta'
NUTZEN FÜR DIE TIERWELT
Blütenfülle voller Pollen und Nektar für Hummeln, Honig- und Solitärbienen; Nektar für Schmetterlinge; wird auch von Florfliegen, Schwebfliegen, kleinen Schlupfwespen und Marienkäfern besucht; Samen für Finken; Winterzuflucht für Marienkäfer.
GRÖSSE Höhe 40–75 cm; Pflanzdichte: 5 pro Quadratmeter.

Achillea hat flache, horizontale Blütenstände aus unzähligen Blüten auf geraden, kräftigen Stängeln. Die Blätter sind gefiedert. Die Blüten bilden Ebenen aus Farbe und öffnen sich auf einer einzelnen Pflanze zu verschiedenen Zeiten, was einen interessanten Mix aus Farbtönen erzeugt: Denken Sie an Buttergelb, Zitrone, Sonnengold, Orange oder Kirschrot. Auf die Blüte folgen auffällige, wie die Blumen geformte Fruchtstände, die bis in den Winter hinein bestehen bleiben.

Die Schafgarbe passt gut zu Blütenkerzen und zu Tupfen von ähnlicher Höhe. Mit der Blauraute ergibt sich eine hübsche Kombination, die architektonisch, aber auch lichtdurchlässig ist. Die Schafgarbe harmoniert auch mit Gräsern, die den flachen Blütenstand betonen. Die Ruten-Hirse 'Shenandoah' greift die Farbtöne der Scharfgarbe auf, das kürzere Federgras bringt Bewegung ins Bild..

Achillea kann kurzlebig sein. Pflanzt man sie jedoch auf schroffer, unbehandelter Erde wie in der Natur und gießt man sie seltener, wird die Pflanze robuster. Ihre kräftigen Fruchtstände in Form der Schirmrispen bleiben bis in den Winter bestehen.

GUTE PARTNER

BLUMEN Sonnenbraut 'Rubinzwerg' (*Helenium*), Blauraute 'Blue Spire' (*Perovskia*), Fetthenne 'Coral Reef' (*Sedum tetractinum*)
GRÄSER Ruten-Hirse 'Shenandoah' (*Panicum virgatum*), Federgras (*Stipa tenuissima*)

OREGANO

Die Sorte 'Rosenkuppel' ist ein Zier-Oregano und ein Verwandter des Gewürzkrauts. Zerdrückt man die runden grünen Blätter zwischen den Fingern, verbreiten sie den bekannten würzigen Duft. 'Rosenkuppel' ist zwar nicht genießbar, aber eine hübsche Gartenpflanze.

Oregano breitet sich als dichter Bodendecker im Garten aus und bildet kurze Stängel. Wo die Stängel die Erde berühren, bilden sie Wurzeln und ein neuer Sämling entsteht. Oregano breitet sich langsam aus und hält Unkraut fern.

'Rosenkuppel' hat rosafarbene Blüten und dunkelrot überlaufene Blätter. Selbst kleine Pflanzen bilden viele Blüten und sind dadurch bei Bestäubern sehr beliebt. Die Schirmrispen stehen nahe beieinander und sind für Bienen, Schwebfliegen, Motten und Schmetterlinge leicht zugänglich.

Nach der Blüte entsteht die blasse, aber dekorative Wintergestalt des Oreganos. Sie wirkt filigran, ist aber sehr robust und überdauert den gesamten Winter.

Oregano hat relativ kleine Schirmrispen und ist daher eine gute Wahl für kleinere Gärten. Ich kombiniere ihn gern mit dem Dreiteiligen Mannstreu und einem aufrecht wachsenden Pfeifengras.

Oregano 'Rosenkuppel'

BOTANISCHER NAME *Origanum*
DEUTSCHER NAME Oregano, Dost, Majoran
FAMILIE Lippenblütler
WAS SPRICHT DAFÜR?
Rosafarbene Schirmrispen und dichtes Blattwerk, das Unkraut verdrängt. Blüht von Frühsommer bis Frühherbst, trägt danach dekorative Fruchtstände.
BESTE SORTE
O. laevigatum 'Rosenkuppel'
NUTZEN FÜR DIE TIERWELT
Pollen und Nektar für Schwebfliegen und Bienen, Nektar für Schmetterlinge; im Winter Unterschlupf für Marienkäfer.
GRÖSSE Höhe: 60 cm; Pflanzdichte: 6 pro Quadratmeter.

GUTE PARTNER

BLUMEN Schafgarbe 'Summer Wine' (*Achillea*), Dreiteiliger Mannstreu (*Eryngium × tripartitum*)
GRÄSER Blaues Pfeifengras 'Moorhexe' (*Molinia caerulea* subsp. *caerulea*)

SEDUM

Fetthenne 'Matrona', Blaues Pfeifengras 'Moorhexe', Ruten-Hirse 'Shenandoah' und Granat-Kugel-Lauch (Fruchtstand)

Die fleischigen, wächsernen Blätter, die kräftigen Stängel und die flachen, dicken Blütenstände der Fetthenne setzen starke Akzente. Die Blüten sind dunkelrot, rosa oder weiß.

Fetthennen passen gut zu Pflanzen mit kerzenförmigen Blütenständen, etwa zur

Blauraute: Sie passen auch wunderbar zu Gräsern mit flauschigen Blütenständen, zum Beispiel zu Pfeifengras und Ruten-Hirse. Das schnurgerade Pfeifengras und die flachen Blütenteller der Fetthenne bilden einen starken Kontrast.

Fetthennen sind perfekt für Schwebfliegen, Bienen und Schmetterlinge. Sie sind sehr beliebt bei Bestäubern, aber weniger bei Schnecken. Die dekorativen, langlebigen Fruchtstände machen die Fetthenne zu einer Pflanze für alle Jahreszeiten.

BOTANISCHER NAME *Sedum*
DEUTSCHER NAME Fetthenne
FAMILIE Dickblattgewächse
WAS SPRICHT DAFÜR?
Blüht von Spätsommer bis Vollherbst; markante Form; architektonische Fruchtstände.
BESTE SORTEN
S. 'Matrona', *S. tetractinum* 'Coral Reef'
NUTZEN FÜR DIE TIERWELT
Pollen und Nektar für Schwebfliegen und Bienen, Nektar für Schmetterlinge; Winterzuflucht für Marienkäfer.
GRÖSSE Höhe: 70 cm; Pflanzdichte: 5 pro Quadratmeter.

GUTE PARTNER

BLUMEN Sternkugel-Lauch (*Allium cristophii*), Blauraute 'Blue Spire' (*Perovskia*)
GRÄSER Ruten-Hirse 'Shenandoah' (*Panicum virgatum*), *Molinia caerulea* subsp. *caerulea* 'Moorhexe' (Blaues Pfeifengras)

Rispen

Rispen bestehen aus vielen kleinen Blüten, die wie farbige Wolken auf einem Gerüst aus luftigen Stängeln schweben.

Mit Rispen kann man häufig eine große Wirkung erzielen. Sie bringen Farbe und meist auch mehr Höhe in den Garten, ohne die Pflanzen hinter ihnen zu verdecken. Sie wirken beinahe transparent.

Da sie so durchscheinend sind, betonen sie die klaren Formen anderer Blumen und eignen sich gut als Kontrast zu kräftigeren Pflanzen.

Rispenblüher gehören zu den größten Pflanzen in bunten, wilden Gärten. Der Wiesenknopf, das Eisenkraut und die Wiesenraute wachsen in nur wenigen Monaten stark in die Höhe. Die Formen der zarten Stängel und kleinen Blüten zeichnen sich besonders gut vor dem blauen Himmel (oder auch nur vor einem Zaun) ab. Sie spiegeln den Wechsel der Jahreszeiten besonders gut wider.

Die meisten rispenbildenden Pflanzen blühen eher spät, von Hochsommer bis Spätsommer. Dem Herbstwind trotzen sie auch ohne stützende Stäbe oder Staudenhalter – der Wind bläst einfach zwischen den fast blattlosen Stängeln hindurch. Viele dieser Pflanzen bilden langlebige Fruchtstände.

OBEN Patagonisches Eisenkraut
GEGENÜBER Großer Wiesenknopf

SANGUISORBA

Die kompakten, leuchtenden Köpfchen des Wiesenknopfs schweben auf ihren drahtigen Stängeln wie ein Farbschleier über den anderen Pflanzen. Der Wiesenknopf bringt Höhe in einen neuen Garten und seine kleinen Blütenstände setzen intensive Farbakzente.

Dank seiner schlanken Stängel und kleinen Köpfchen passt der Wiesenknopf überall hin. Er ist so durchscheinend, dass Sie auch die Pflanzen hinter ihm immer sehen können. Kombinieren Sie die weinroten Blumen mit kupferroten Sonnenbräuten oder den Ähren des Ehrenpreises, die auf ähnlicher Höhe blühen.

BOTANISCHER NAME *Sanguisorba officinalis*
DEUTSCHER NAME Wiesenknopf
FAMILIE Rosengewächse
WAS SPRICHT DAFÜR?
Hoch, aber durchscheinend; rote Blütenwolken von Frühsommer bis Frühherbst.
BESTE SORTE
S. officinalis 'Red Buttons'
NUTZEN FÜR DIE TIERWELT
Pollen und Nektar für Schwebfliegen und Bienen, Nektar für Schmetterlinge.
GRÖSSE Höhe: 120 cm; Pflanzdichte: 3 pro Quadratmeter.

Großer Wiesenknopf

GUTE PARTNER

BLUMEN Herbst-Anemone 'Hadspen Abundance' (*Anemone hupehensis*), Purpur-Kratzdistel 'Atropurpureum' (*Cirsium rivulare*), Sonnenbraut (*Helenium*), Kandelaber-Ehrenpreis 'Album' (*Veronicastrum virginicum*)
GRÄSER Ruten-Hirse 'Shenandoah' (*Panicum virgatum*)

THALICTRUM

Mit ihren Wolken aus luftigen Blüten, die wie kleine Fallschirme aussehen, ist die Wiesenraute die perfekte Sommerblume. Von Hochsommer bis Frühherbst bilden die vielen kleinen Blüten bauschige Farbwolken.

Thalictrum passt gut zu anderen hohen, zarten Pflanzen. Kombinieren Sie die Wiesenraute mit den Ähren des Ehrenpreises zu einem hochragenden Mix aus Tausenden von kleinen Blüten in kontrastierenden Formen. Ich pflanze gern auch noch einen Doldenblütler dazu, etwa Fenchel. So entsteht ein buntes Kaleidoskop aus Rispen, Ähren und Dolden.

'Hewitt's Double' hat leuchtend rosafarbene Blüten, die sich aus kompakten, runden, violetten Knospen öffnen. 'Album' hat große weiße Knospen, die an Perlen erinnern. Die Blüten sind etwas schwerer, sodass sich die Stängel ein wenig beugen, aber sie verkörpern die sommerliche Verspieltheit perfekt.

Die Wiesenraute gedeiht auch im Schatten und ist daher ideal für heikle Plätze. Ihre Blätter gehören im Frühling zu den ersten, die sprießen. Für Schnecken sind sie aber nicht interessant.

Chinesische Wiesenraute

BOTANISCHER NAME *Thalictrum delavayi*
DEUTSCHER NAME Chinesische Wiesenraute
FAMILIE Hahnenfußgewächse
WAS SPRICHT DAFÜR?
Große, luftige Blütenwolken von Hochsommer bis Frühherbst.
BESTE SORTEN
'Album', 'Hewitt's Double' (AGM)
NUTZEN FÜR DIE TIERWELT
Pollen und Nektar für Schwebfliegen und Bienen, Nektar für Schmetterlinge.
GRÖSSE Höhe: 100 cm; Pflanzdichte: 5 pro Quadratmeter.

GUTE PARTNER

BLUMEN Kandelaber-Ehrenpreis (*Veronicastrum virginicum*), Bronze-Fenchel 'Purpureum' (*Foeniculum vulgare*)
GRÄSER Rasen-Schmiele 'Goldtau' (*Deschampsia cespitosa*), Blaues Pfeifengras (*Molinia caerulea* subsp. *caerulea*)

VERBENA

BOTANISCHER NAME *Verbena bonariensis, V. macdougalii*
DEUTSCHER NAME Eisenkraut
FAMILIE Eisenkrautgewächse
WAS SPRICHT DAFÜR?
Blauvioletter Blütenschleier von Frühsommer bis Frühherbst; die stabilen Stängel dienen als Stütze für benachbarte Pflanzen.
BESTE SORTE
V. macdougalii 'Lavender Spires'
NUTZEN FÜR DIE TIERWELT
Pollen und Nektar für Schwebfliegen und Bienen, Nektar für Schmetterlinge.
GRÖSSE Höhe: 200 cm; Pflanzdichte: 5 pro Quadratmeter.

Verbena bonariensis hat kleine, blauviolette Blüten auf langen, dünnen Stängeln. Die Pflanze ist hoch, aber ihre Wurzeln brauchen nur wenig Platz. Schnell wachsen die robusten Stängel in die Höhe. Die Pflanze gedeiht auf engem Raum und lässt anderen Pflanzen genügend Platz. Wenn Ihnen das Violett der Blüten von *V. bonariensis* zu intensiv ist, empfiehlt sich *V. macdougalii* 'Lavender Spires'. Diese Blüten weisen ein dezenteres Lila auf.

Das Eisenkraut wächst locker und luftig. Am besten setzt man Gruppen aus mehreren Pflanzen. Die kräftigen Stängel wachsen kreuz und quer durcheinander und bilden einen violetten Schleier. Sie sind stabile Stützen für biegsamere Pflanzen. Im Spätsommer stabilisieren sie etwa die Mazedonische Witwenblume oder den Quirlblütigen Salbei 'Purple Rain'.

Das Eisenkraut übersteht bei uns manchmal den Winter nicht, sät sich aber selbst aus. Die neuen Sämlinge von *V. bonariensis* wachsen immer zu sortenechten Pflanzen heran, die alle Eigenschaften der Mutterpflanze aufweisen.

Die Blüten des Eisenkrauts sind bei Insekten äußerst beliebt: Viele verschiedene Bienen, Schwebfliegen und Schmetterlinge lieben die kleinen, dicht stehenden Blüten. Ein großer Schmetterling, der vorsichtig auf einem der Blütenbüschel balanciert, während er den Nektar aus dem Inneren saugt, ist ein wunderbarer Anblick.

LINKS OBEN Patagonisches Eisenkraut (*V. bonariensis*)
GEGENÜBER Eisenkraut 'Lavender Spires'

GUTE PARTNER

BLUMEN Blauraute 'Blue Spire' (*Perovskia*)
GRÄSER Riesen-Federgras (*Stipa gigantea*), Rasen-Schmiele 'Goldtau' (*Deschampsia cespitosa*)

Gräser

Gräser wirken natürlich und fangen das Licht ein. Sie lassen sich gut mit Stauden kombinieren und tragen im Garten zu einem harmonischen Gesamtbild bei.

Gräser im Garten werden immer beliebter. Als Faustregel gilt hier ausnahmsweise: Mehr ist mehr. Mit nur ein paar Halmen kann man nämlich keine große Wirkung erzielen.

Kürzere Gräser wie das Federgras eignen sich gut als Füllpflanzen. Sie wachsen wild durcheinander und bilden ein kontrastierendes Fundament für Tupfen, Kerzen und Dolden, über das die anderen Pflanzen hinauswachsen.

Bei den höheren Gräsern sorgen die Blütenähren für zusätzliche Länge. Die Halme sind hohl. Wie auch die Blätter enthalten sie Lignin – ein Stoff, der auch in der Rinde von Bäumen vorkommt. Das Lignin sorgt dafür, dass die Gräser im Wind nicht umknicken. Zittergras, Rasen-Schmiele, Chinaschilf, Pfeifengras, Ruten-Hirse, Lampenputzergras, Blaugras und Federgras – alle Gräser gehören zur selben Familie, auch wenn sie sich optisch stark voneinander unterscheiden.

Ein schlankes Gras neben einer kräftigeren Pflanze unterstreicht den Formenkontrast. Das Geheimnis eines funktionierenden Gartens ist der Mix aus unterschiedlichen Strukturen aus stabilen, luftigen und zarten Pflanzen. Das ist wichtiger als kurzlebige Farbenspiele.

Ein weiterer Vorteil: Das Rascheln von Gräsern dämpft auch den Verkehrslärm von nahegelegenen Straßen.

OBEN Rasen-Schmiele 'Goldtau' und Aster
GEGENÜBER Ruten-Hirse 'Rehbraun'

BRIZA

Mittleres Zittergras

BOTANISCHER NAME *Briza media*
DEUTSCHER NAME Mittleres Zittergras
FAMILIE Süßgräser
WAS SPRICHT DAFÜR?
Kurzes Gras; dicke Ährchen; blüht von Spätfrühling bis Hochsommer, danach im Wind „zitternde" Fruchtstände.
BESTE SORTE
B. media 'Golden Bee'
GRÖSSE Höhe: 50 cm; Pflanzdichte: 6 pro Quadratmeter.

Briza media ist ein Gras mit hellgrünen Blättern und großen Ährchen, die an filigranen Stielen baumeln. Die Ährchen sehen fast aus, als schwebten sie in der Luft wie ein Bienenschwarm. Im Sommer bilden sich dichte Fruchtstände, die im Sonnenlicht schimmern.

Briza wird etwa kniehoch. Der deutsche Name „Zittergras" bezieht sich auf die Blüten- und später die Fruchtstände, die sich schon beim geringsten Windhauch bewegen.

GUTE PARTNER

BLUMEN Purpur-Wiesen-Kerbel 'Ravenswing' (*Anthriscus sylvestris*), Kartäuser-Nelke (*Dianthus carthusianorum*), Große Sterndolde 'Claret' (*Astrantia major*), Sizilianischer Honiglauch (*Nectaroscordum siculum*)
GRÄSER Federgras (*Stipa tenuissima*)

DESCHAMPSIA

BOTANISCHER NAME *Deschampsia cespitosa*
DEUTSCHER NAME Rasen-Schmiele
FAMILIE Süßgräser
WAS SPRICHT DAFÜR?
Hoch; starke Struktur; blüht von Früh- bis Spätsommer; schöne Fruchtstände.
BESTE SORTE
D. cespitosa 'Goldtau'
NUTZEN FÜR DIE TIERWELT
Winterzuflucht für Marienkäfer.
GRÖSSE Höhe: 90 cm; Pflanzdichte: 5 pro Quadratmeter.

Rasen-Schmiele 'Goldtau'

Die Rasen-Schmiele ist ein hohes Gras mit kleinen, blassen, fedrigen Blütenständen. Sie wirkt hell und luftig. Am besten pflanzt man sie in Zweier- oder Dreiergruppen, die dann zusammen einen durchscheinenden Schleier bilden. Die Rasen-Schmiele fängt das Licht ein und glitzert in der Sonne.

Der Artname *cespitosa* bedeutet: „wächst in Büscheln". Am Anfang ist *D. cespitosa* nur ein wilder Haufen aus Halmen. Die Pflanze wächst mittig aus dem Wurzelhals und bleibt daher an ihrem ursprünglichen Platz.

Die Rasen-Schmiele passt gut zu kräftigen Tupfen, Schirmrispen und kerzenförmigen Blütenständen. Geeignete Partner sind Anemonen und Silberkerzen, die zur gleichen Zeit blühen – und deren Blüten sich auf schlanken Halmen und gleicher Höhe befinden. Auch die Sonnenbraut passt gut zur Rasen-Schmiele.

In der kalten Jahreszeit bleichen die Halme und Fruchtstände aus und werden ganz weiß. Trotz ihrer weichen Zartheit ist die Rasen-Schmiele ein robustes Gras. Die meisten Halme bleiben bis in den Winter bestehen.

GUTE PARTNER

BLUMEN Herbst-Anemone 'Königin Charlotte' (*Anemone* × *hybrida*), Oktober-Silberkerze 'James Compton' (*Actaea simplex*), Vermischte Aster (*Eurybia* × *herveyi*), Sonnenbraut 'Moerheim Beauty' (*Helenium*)
GRÄSER Blaues Pfeifengras 'Moorhexe' (*Molinia caerulea* subsp. *caerulea*)

MISCANTHUS

Chinaschilf 'Rotfuchs'

BOTANISCHER NAME *Miscanthus sinensis*
DEUTSCHER NAME Chinaschilf
FAMILIE Süßgräser
WAS SPRICHT DAFÜR?
Perlfarbene Blütenstände auf geraden Halmen von Spätsommer bis Frühherbst; flauschige Fruchtstände; robust.
BESTE SORTEN
'Kleine Fontäne' (AGM), 'Malepartus'
NUTZEN FÜR DIE TIERWELT
In den hohlen Halmen überwintern Marienkäfer, Solitärbienen und Florfliegen; Nistmaterial; Samen für Vögel.
GRÖSSE Höhe: 120–200 cm; Pflanzdichte: 4 pro Quadratmeter.

Die Halme des Chinaschilfs sind lang und schnurgerade. Ihre stabilen Stängel zieren Blütenquasten. An stürmischen Tagen flattern die seidigen Blütenrispen auf ihren starren Halmen wie Fahnen im Wind.

Das Chinaschilf wächst in einem auffälligen Büschel und bietet einen schimmernden Hintergrund für Blumen wie Anemonen und Fetthennen. Aus den Blütenständen entstehen flauschige Fruchtstände, die erstaunlich robust sind: Selbst am Ende des Winters sind sie noch da und wehen in der kalten Brise.

GUTE PARTNER

BLUMEN Sonnenbraut 'Rubinzwerg' (*Helenium*), Herbst-Anemone 'Honorine Jobert' (*Anemone × hybrida*), Fetthenne 'Matrona' (*Sedum*)
GRÄSER Blaues Pfeifengras 'Moorhexe' (*Molinia caerulea* subsp. *caerulea*), Ruten-Hirse 'Rehbraun' (*Panicum virgatum*)

MOLINIA

BOTANISCHER NAME *Molinia caerulea* subsp. *caerulea*
DEUTSCHER NAME Blaues Pfeifengras
FAMILIE Süßgräser
WAS SPRICHT DAFÜR?
Gerade, nadelförmige Blütenstände von Frühsommer bis Frühherbst.
BESTE SORTE
'Moorhexe'
NUTZEN FÜR DIE TIERWELT
Winterzuflucht für Marienkäfer und andere Käfer.
GRÖSSE Höhe: 100 cm; Pflanzdichte: 8 pro Quadratmeter.

Blaues Pfeifengras 'Moorhexe'

Das Blaue Pfeifengras ist ein sehr aufrecht wachsendes Gras mit dünnen Halmen und nadelförmigen Blütenständen. Es ist von Natur aus robust und wächst wild in der Heide und auf Berghängen. Das Gras bildet kräftige längliche Büschel, die andere Pflanzen stützen können.

Das Pfeifengras passt gut zu Pflanzen mit kerzenförmigen Blütenständen – die Blauraute ähnelt ihm in Form und Höhe – oder zu Pflanzen mit Blütentellern, etwa zu Fetthenne oder Schafgarbe. Im Spätsommer verfärbt sich das Pfeifengras golden.

GUTE PARTNER

BLUMEN Granat-Kugel-Lauch (*Allium atropurpureum*), Blauraute 'Blue Spire' (*Perovskia*), Fetthenne 'Matrona' (*Sedum*)
GRÄSER Herbst-Blaugras (*Sesleria autumnalis*)

PANICUM

Panicum-Arten tragen Rispen aus winzigen dunkelroten Blüten, die einen zarten Farbschleier bilden. Die Gräser sind hübsch und hoch, aber auch filigran und luftig. Setzt man sie verstreut zwischen die anderen Pflanzen, verbinden sie die verschiedenen Formen zu einem einheitlichen Bild.

Sie gehören zu den Gräsern, die den Wechsel der Jahreszeiten am deutlichsten widerspiegeln. Im Herbst leuchten ihre Farben intensiv. Wenn es kälter wird, verfärben sich bei 'Shenandoah' erst nur die Blattspitzen, dann auch der Rest der Pflanze scharlachrot.

Die Ruten-Hirse benötigt nicht viel Platz in der Erde, weswegen sie ideal für kleine Gärten ist. Die Halme sind robust und bleiben bis in den Winter hinein bestehen.

BOTANISCHER NAME *Panicum virgatum*
DEUTSCHER NAME Ruten-Hirse
FAMILIE Süßgräser
WAS SPRICHT DAFÜR?
Filigrane Gräser; luftige Blütenstände auf hauchdünnen Halmen von Spätsommer bis Vollherbst; danach zarte Fruchtstände. Verbindet unterschiedliche Blumen zu einem einheitlichen Bild.
BESTE SORTEN
'Rehbraun', 'Shenandoah'
NUTZEN FÜR DIE TIERWELT
Kleine Vögel mögen die Samen.
GRÖSSE Höhe: 150–200 cm; Pflanzdichte: 4 pro Quadratmeter.

GUTE PARTNER

BLUMEN Schafgarbe 'Summerwine' (*Achillea*), Oregano 'Rosenkuppel' (*Origanum*), Russel-Brandkraut (*Phlomis russeliana*)
GRÄSER Rasen-Schmiele 'Goldtau' (*Deschampsia cespitosa*), Blaues Pfeifengras 'Moorhexe' (*Molinia caerulea* subsp. *caerulea*)

Ruten-Hirse 'Shenandoah', Blaues Pfeifengras 'Moorhexe' und Rasen-Schmiele 'Goldtau'.

PENNISETUM

Lampenputzergras (*Pennisetum alopecuroides*)

BOTANISCHER NAME *Pennisetum*
DEUTSCHER NAME Lampenputzergras
FAMILIE Süßgräser
WAS SPRICHT DAFÜR?
Borstig-fedrige Blütenstände von Hochsommer bis Frühherbst.
BESTE SORTE
P. alopecuroides 'Tall Tails'
GRÖSSE Höhe: 60–180 cm; Pflanzdichte: 5 pro Quadratmeter.

Das Lampenputzergras trägt flauschige, spitz zulaufende Blütenstände aus dicht beieinander stehenden Ährchen. Es wächst sehr aufrecht und bildet einen guten Kontrast zu Dolden. Die Sorte 'Tall Tails' passt gut zu Eisenkraut, besonders zu 'Lavender Spires', da beide Pflanzen schlanke Stängel und eine längliche, schmale Form haben.

GUTE PARTNER

BLUMEN Fetthenne 'Matrona' (*Sedum*), Eisenkraut 'Lavender Spires' (*Verbena bonariensis, Verbena macdougalii*)
GRÄSER Herbst-Blaugras (*Sesleria autumnalis*)

SESLERIA

BOTANISCHER NAME *Sesleria autumnalis*
DEUTSCHER NAME Herbst-Blaugras
FAMILIE Süßgräser
WAS SPRICHT DAFÜR?
Drahtige, immergrüne Halme; blüht von Frühsommer bis Vollherbst.
NUTZEN FÜR DIE TIERWELT
Winterzuflucht für Marienkäfer.
GRÖSSE Höhe: 40 cm; Pflanzdichte: 5 pro Quadratmeter.

Das Herbst-Blaugras ist ein blassgrünes Gras, das in drahtigen Büscheln wächst. Es ist eher starr als biegsam. An den Spitzen der immergrünen Halme entwickeln sich blasse Blütenstände. *Sesleria* bildet einen schönen Kontrast zu anderen Pflanzen und breitet sich mühelos zwischen ihnen aus.

Herbst-Blaugras

GUTE PARTNER

BLUMEN Sternkugel-Lauch (*Allium cristophii*), Storchschnabel 'Rose Clair' (*Geranium* × *oxonianum*), Fetthenne 'Matrona' (*Sedum*)
GRÄSER Rasen-Schmiele 'Goldtau' (*Deschampsia cespitosa*)

STIPA GIGANTEA

Riesen-Federgras

BOTANISCHER NAME *Stipa gigantea*
DEUTSCHER NAME Riesen-Federgras
FAMILIE Süßgräser
WAS SPRICHT DAFÜR?
Hoch, aber durchscheinend; blüht von Spätfrühling bis Hochsommer; architektonische Fruchtstände.
NUTZEN FÜR DIE TIERWELT
In den hohlen Halmen überwintern Bienen, Marienkäfer, Schwebfliegen, Florfliegen und ihre Larven.
GRÖSSE Höhe: 250 cm; Pflanzdichte: 1 pro Quadratmeter.

Stipa gigantea ist das höchste Gras im bunten, wilden Garten. Die langen Blütenrispen sind mit winzigen goldfarbenen Blüten besetzt. Die Blüte beginnt bereits gegen Ende des Frühlings: Das Riesen-Federgras ist das einzige hohe Gras, das schon so früh blüht. In der Gartengestaltung hat es sich bewährt, das Riesen-Federgras an mehreren Stellen im Garten zwischen die anderen Pflanzen zu setzen. Es verbindet viele unterschiedliche Beete optisch miteinander.

Im Gegensatz zu den meisten anderen Gräsern pflanzt man das Riesen-Federgras am besten einzeln und mit ein wenig Platz rundherum, damit seine Form gut zur Geltung kommt. Mehrere Exemplare an verschiedenen Stellen im Garten gepflanzt wirken sehr apart.

Das Riesen-Federgras passt besonders gut zu größeren Blumen, etwa zu den runden Korbblüten der Sonnenbraut oder des Sonnenhuts. Diese Blumen werden halb so hoch wie das Federgras und spiegeln dessen warme Goldtöne wider. Wiesenknopf und Eisenkraut wachsen um das Gras herum und erreichen fast die gleiche Höhe.

Ab der Mitte des Sommers entwickeln sich aus den Blütenständen die Fruchtstände. Sie überragen den Garten und fangen die letzten Sonnenstrahlen des Sommers ein.

GUTE PARTNER

BLUMEN Sternkugel-Lauch (*Allium cristophii*), Sonnenbraut 'Moerheim Beauty' (*Helenium*), Sonnenhut (*Rudbeckia triloba*), Wiesenknopf 'Red Buttons' (*Sanguisorba officinalis*), Eisenkraut (*Verbena bonariensis*)
GRÄSER Lampenputzergras 'Tall Tails' (*Pennisetum orientale)*

STIPA TENUISSIMA

Stipa tenuissima ist ein kurzes Gras mit zahlreichen hauchfeinen, hellgrünen Halmen. Es gehört zu den ersten Gräsern, die im Frühling sprießen, und steht auch gegen Ende des Winters noch im Garten. Dann ist es allerdings von der Kälte ausgebleicht. Die oberen Enden der Halme sind blass und fedrig und setzen im Garten verwaschene Farbakzente. Das Gras wirkt durchscheinend, luftig und flauschig.

Setzt man das Federgras neben höhere Gräser oder Pflanzen im Garten, entsteht eine hübsche Wellenstruktur. Es ist der perfekte Kontrast zu architektonischen Blumen, etwa zum Honiglauch, oder zu später blühenden Pflanzen wie dem Scheinsonnenhut oder dem Sonnenhut. Das Federgras verbindet unterschiedliche Formen optisch miteinander, lässt den Pflanzen aber genügend Raum.

Das Federgras verteilt seine Samen und das ist gut so. Es taucht an verschiedenen Stellen im Garten auf und erzeugt so ein einheitliches Bild. Die Sämlinge haben die gleichen Eigenschaften wie die Mutterpflanze. Da das Federgras nicht besonders hoch wird, eignet es sich auch perfekt als Füllpflanze.

Federgras

BOTANISCHER NAME *Stipa tenuissima*
DEUTSCHER NAME Federgras
FAMILIE Süßgräser
WAS SPRICHT DAFÜR?
Kurzes Gras mit flauschiger Textur; schafft eine optische Verbindung zwischen unterschiedlichen Pflanzen; blüht von Frühsommer bis Frühherbst.
BESTE SORTE
S. tenuissima 'Pony Tails'
NUTZEN FÜR DIE TIERWELT
Winterzuflucht für Marienkäfer und andere Käfer.
GRÖSSE Höhe: 60 cm; Pflanzdichte: 6 pro Quadratmeter.

GUTE PARTNER

BLUMEN Sizilianischer Honiglauch (*Nectaroscordum siculum*), Scheinsonnenhut (*Echinacea pallida*), Sonnenbraut 'Moerheim Beauty' (*Helenium*)
GRÄSER Rasen-Schmiele 'Goldtau' (*Deschampsia cespitosa*), Ruten-Hirse 'Shenandoah' (*Panicum virgatum*)

Knollen und Zwiebeln

Kaum zu glauben, dass all diese prachtvollen Pflanzen aus kleinen, trockenen Knollen entstehen.

Das Pflanzen von Knollen oder Zwiebeln ist eine spannende Sache. Strahlender Kugel-Lauch, samtige Tulpen, glockiger Honiglauch und leuchtende Dahlien entwickeln sich alle aus trockenem, braunem Pflanzenmaterial. Knollen und Zwiebeln enthalten die Grundlage für Sprosse, Stängel und Wurzeln – sie bieten alles, was die Pflanze braucht, um sich unter den richtigen Umständen entwickeln zu können. Sie eignen sich gut für einen wilden Garten, denn wenn ihr Bedarf an Wasser, Licht und Nährstoffen am höchsten ist, gibt es dort weniger andere Pflanzen als Konkurrenz.

Tulpen, Lauch und andere Pflanzen, die aus Zwiebeln wachsen und im Frühling blühen, müssen im Spätherbst gepflanzt werden und den Winter unter der Erde verbringen. Der Kältereiz lässt die Knospen in den Zwiebeln wachsen und stimuliert die Produktion des Hormons Gibberellin, das im Frühling Blätter und Stängel sprießen lässt. Auch die Wurzeln wachsen und verankern die Zwiebel in der Erde, sodass sie Wasser aufnehmen kann.

Es macht Spaß, verschiedene Zwiebeln auszuwählen und an einem regnerischen Nachmittag in einem Pflanzenkatalog zu schmökern. Da die meisten Zwiebelpflanzen Frühblüher sind, spielt es keine Rolle, welche Sie wählen und ob sie zum Rest Ihres Gartens passen. Gerade im Frühling können wilde Farbkombinationen aufregend wirken. Ich habe mich zu oft für dezente Farben entschieden und mich dann nach dem tristen Winter doch nach ein paar kräftigeren Farbakzenten gesehnt.

Pflanzen Sie Tulpenzwiebeln gruppenweise und nahe aneinander. Denken Sie dabei aber an die finale Größe der Pflanze. Tulpen bilden bunte Bereiche zwischen den neuen Blättern der anderen Pflanzen. Zwiebelpflanzen wie Lauch oder Honiglauch können einzeln oder paarweise oder quer durch einen kleineren Garten verstreut gepflanzt werden. Am besten verwendet man eine begrenzte Auswahl verschiedener Zwiebelpflanzen. Die meisten von ihnen bilden nur eine Blüte pro Zwiebel.

In einem neuen Garten pflanzt man Blumenzwiebeln zuletzt. Auch wenn das nicht in Ihren Plan passt, müssen Sie die Zwiebeln im Herbst einsetzen. Markieren Sie die Stellen mit Pflanzschildern, sodass Sie die Zwiebeln nicht zu einem späteren Zeitpunkt versehentlich ausgraben, wenn Sie etwas anderes pflanzen. Lauch, Honiglauch und einige Tulpen wachsen jedes Jahr aufs Neue.

Purpur-Kugel-Lauch 'Purple Sensation'

ALLIUM

Kugel-Lauch

BOTANISCHER NAME *Allium atropurpureum, A. cristophii, A. hollandicum, A. schubertii*
DEUTSCHER NAME Lauch (Zierlauch)
FAMILIE Lauchgewächse
WAS SPRICHT DAFÜR?
Kugeln aus sternförmigen Blüten von Spätfrühling bis Frühsommer; architektonische Fruchtstände.
BESTE SORTE
A. hollandicum 'Purple Sensation'
NUTZEN FÜR DIE TIERWELT
Pollen und Nektar für Bienen sowie Nektar für Schmetterlinge. Große, robuste Blüten für größere Bestäuber.
GRÖSSE Höhe: 60 cm; Pflanzdichte: 20 cm zwischen den Zwiebeln.

Zu Sommerbeginn zeigt der Lauch seine sternförmigen Blüten in Kugeln auf schnurgeraden Stängeln. Jede Blume ist ein Blickfang aus vielen kleinen Blüten. Pflanzt man mehrere nebeneinander, entstehen hübsche Farbstreifen. Die Blumen bleiben im Garten sehr lange bestehen.

Allium hollandicum 'Purple Sensation' hat runde Blütenstände in der Größe von Tennisbällen, die farbenfroh über die anderen Pflanzen hinausragen. *A. cristophii* ist größer. Die Blüten haben einen Durchmesser von bis zu 20 cm. Die Stängel sind kürzer. Am besten pflanzt man diesen Lauch einzeln oder paarweise, mit genügend Platz rundherum. *A. schubertii* erinnert an ein Feuerwerk. Die rosafarbenen und grünen Blüten bilden sehr langlebige Fruchtstände in der Form der Blütenstände. *A. atropurpureum* hat kleinere Blüten in dunkelvioletten Farbtönen.

Setzen Sie die Blumenzwiebeln des Lauchs etwa 15 cm tief in die Erde. Die Blätter erscheinen vor den Blumen und sehen oft schon zerfleddert aus, wenn die Blüten sprießen. Dennoch entfernt man diese Blätter in Bodennähe nicht, da sie die Pflanze mit Nährstoffen für das folgende Jahr versorgen.

GUTE PARTNER

BLUMEN Storchschnabel 'Rose Clair' (*Geranium × oxonianum*), Katzenminze 'Walker's Low' (*Nepeta racemosa*), Quirlblütiger Salbei 'Purple Rain' (*Salvia verticillata*)
GRÄSER Rasen-Schmiele 'Goldtau' (*Deschampsia cespitosa*), Federgras (*Stipa tenuissima*), *Sesleria autumnalis* (Herbst-Blaugras)

DAHLIA

BOTANISCHER NAME *Dahlia*
DEUTSCHER NAME Dahlie
FAMILIE Korbblütler
WAS SPRICHT DAFÜR?
Runde, leuchtend bunte Blumen von Spätsommer bis zum ersten Frost.
BESTE SORTEN
'Bishop of Llandaff', 'Roxy'
NUTZEN FÜR DIE TIERWELT
Pollen und Nektar für Bienen, Nektar für Schmetterlinge.
GRÖSSE Höhe: 100 cm; Pflanzdichte: 2 pro Quadratmeter.

Dahlie 'Roxy'

Für Liebhaber von runden, bunten Blumen sind Dahlien die erste Wahl. Die Blüten können groß wie Untersetzer werden und Seerosen, Kakteen oder Chrysanthemen ähneln. Sie sind herrlich protzig und ein spätsommerliches Highlight. Die scharlachrote Dahlie 'Bishop of Llandaff', die an einem nebligen Herbstmorgen aus einem Büschel Riesen-Federgras hervorragt, ist ein beeindruckender Anblick.

Bestäubende Insekten bevorzugen einblütige Dahlien. Diese Blüten sind leichter und brauchen keine Stütze. Sie sind die perfekten Schnittblumen – je mehr man abschneidet, desto mehr wächst nach.

Dahlien kann man auch im Topf kaufen, aber die Knollen sind viel preiswerter und bieten eine größere Sortenvielfalt. Die trockene Knolle sieht aus wie eine Hand mit dicken Fingern. Pflanzen Sie die Knollen gegen Ende des Frühlings. Wie die Zwiebeln müssen auch die Knollen einige Zeit unter der Erde verbringen. Nacktschnecken lieben die Sämlinge der Dahlien und sollten von Jungpflanzen entfernt werden. Später ist die Gefahr nicht mehr so groß.

Ich lasse Dahlienknollen im Winter in der Erde: Sie blühen im ersten Jahr und wachsen immer wieder neu. In Gegenden mit kalten Wintern muss man sie aber ausgraben, nachdem der erste Frost die Blätter schwarz verfärbt hat. Dann lagert man sie bis Ende Frühling an einem kühlen, frostfreien Ort.

GUTE PARTNER

BLUMEN Herbst-Anemone 'Königin Charlotte' (*Anemone* × *hybrida*)
GRÄSER Rasen-Schmiele 'Goldtau' (*Deschampsia cespitosa*), Riesen-Federgras (*Stipa gigantea*)

NECTAROSCORDUM

Sizilianischer Honiglauch

BOTANISCHER NAME *Nectaroscordum siculum*
DEUTSCHER NAME Sizilianischer Honiglauch
FAMILIE Lauchgewächse
WAS SPRICHT DAFÜR? Wildes, natürliches Aussehen; blüht von Spätfrühling bis Frühsommer; zugespitzte Fruchtstände.
NUTZEN FÜR DIE TIERWELT Pollen und Nektar für Bienen und Schwebfliegen.
GRÖSSE Höhe: 100 cm; Pflanzdichte: 6 pro Quadratmeter.

Nectaroscordum ist eine wunderschöne Blume: Glockige Blüten hängen wie in einem Kronleuchter von ihren Stängeln – grünlich weiß und dunkelrot bis rosa überlaufen. Sie sehen wächsern und exotisch aus und wirken besonders gut in einer einfachen Kombination mit Gräsern. Pflanzen Sie die Zwiebeln des Honiglauchs im Herbst, dann sprießen die Knospen im Frühling. Wenn die Knospen an den Stielspitzen trocken werden, öffnen sie sich kurz darauf. Nachdem sie bestäubt wurden, drehen sich die Blüten nach oben und sehen aus wie Türmchen. Die Fruchtstände überdauern den Winter.

Die Zwiebeln setzt man am besten in unregelmäßigen Abständen, sodass die Blumen zwischen den anderen Pflanzen verteilt auftauchen. Als Entscheidungshilfe kann man eine Handvoll Zwiebeln hochwerfen und sie dort pflanzen, wo sie landen. So entsteht eine zufällige, natürliche Anordnung.

Der hübsche Honiglauch riecht etwas eigenartig – nach Zwiebeln und Benzin. Bienen lieben seine Blüten, die groß genug sind, sodass auch dicke Hummeln komplett darin verschwinden können.

GUTE PARTNER

BLUMEN Wiesen-Kerbel ‘Ravenswing’ (*Anthriscus sylvestris*), Große Sterndolde ‘Claret’ (*Astrantia major*), Storchschnabel ‘Brookside’ (*Geranium*)
GRÄSER Mittleres Zittergras (*Briza media*), Rasen-Schmiele ‘Goldtau’ (*Deschampsia cespitosa*), Federgras (*Stipa tenuissima*)

Im Winter verwandeln sich viele Blütenstände auf stabilen Stängeln in dekorative Fruchtstände, die Ihren Garten verzaubern.

TULIPA

Mit Tulpen geht das Jahr bereits spannend los. Sie fangen die Energie des Frühlings perfekt ein. Während sich das Wachstum der meisten anderen Pflanzen noch unter der Erde abspielt, präsentieren sich die Tulpen schon in voller Pracht. Sie blühen in fast allen nur erdenklichen Farben und sind die Vorboten einer bunten, wilden Gartensaison.

Tulpen pflanzt man am besten in Gruppen aus mindestens zehn Blumen in ein bis zwei Farben. Sie müssen im Herbst gepflanzt werden: Die Kälte schützt vor einer Infektion mit dem Namen „Tulpenfeuer" und regt den Blütenwuchs an. Die Tulpen sind also auch im Winter in der Erde aktiv, bilden Wurzeln und bereiten sich auf den Frühling vor.

Generell sollen die Pflanzlöcher für Tulpenzwiebeln doppelt so tief sein, wie die Zwiebel breit ist. Tiefere Löcher (20–30 cm) bieten allerdings einen gewissen Schutz und steigern die Wahrscheinlichkeit, dass die Pflanze erneut wächst und blüht. In kühleren Gefilden sind nicht alle Tulpen winterfest, aber meine Erfahrung hat gezeigt, dass die Sorten ‘Negrita’, ‘Spring Green’, ‘White Triumphator’ und ‘Purissima’ den Winter meist überleben.

Für die ersten Solitärbienen und für Hummelköniginnen sind Tulpen ein echtes Geschenk. Blüten mit einfachen Formen sind die beste Wahl, um Bestäubern eine Freude zu machen.

Tulpe ‘Spring Green’

BOTANISCHER NAME *Tulipa*
DEUTSCHER NAME Tulpe
FAMILIE Liliengewächse
WAS SPRICHT DAFÜR?
Frühblüher, leuchtende Farben.
BESTE SORTEN
‘Negrita’, ‘Purissima’, ‘Spring Green’, ‘White Triumphator’
NUTZEN FÜR DIE TIERWELT
Frühe Pollen- und Nektarquelle für Hummelköniginnen und Solitärbienen.
GRÖSSE Höhe: 45 cm; Gruppen aus 10 oder mehr; 15 cm zwischen den Zwiebeln.

GUTE PARTNER

BLUMEN Mit anderen Tulpen nach Belieben kombinieren.
GRÄSER Federgras (*Stipa tenuissima*)

Fruchtstände im Winter

Fruchtstände sind wie stilisierte Abbilder der ursprünglichen Blütenstandsformen. Dolden, Blütenkugeln und Quirle auf schnurgeraden Stängeln verwandeln sich in auffällige Gebilde, die Ihrem Garten auch nach der Blütezeit Höhe und Struktur verleihen.

Stauden sind mehrjährige Pflanzen und stecken ihre Energie in kräftige Stängel und Samenbehälter, dafür säen sie sich weniger stark aus. Bei einjährigen Pflanzen wächst jedes Jahr eine neue Generation heran, Sie müssen also unbedingt für Nachwuchs sorgen. Stauden investieren dagegen eher in stabile Strukturen und eine langlebige Gestalt. Selbst nach der Blütezeit, im Herbst und Winter, verzaubern schimmernde Blaurauten, flache Fetthennen, stacheliger Mannstreu und büscheliges Chinaschilf den Garten.

Pflanzen, die ihre Form behalten, lassen den Garten auch an den kältesten, kürzesten Tagen des Jahres interessant aussehen. Wenn Sie Ihre Pflanzen nicht durch großzügiges Gießen und Düngen verhätscheln, härten sie ab und bilden robuste spitze, runde, flache oder sternförmige Gebilde, die Ihren Garten längerfristig schmücken. Im Licht der Spätsommersonne oder vom Frost überzogen sind sie stets ein ansprechender Anblick – auch durch das Fenster, wenn es Ihnen draußen zu kalt ist.

Wenn Sie Ihre Pflanzen nicht nur während der Blütezeit, sondern in jeder Phase ihres Vegetationszyklus zu schätzen wissen, werden Sie Ihren Garten und Ihre Pflanzen viel genauer kennenlernen. Sie werden erkennen, wann man am stärksten gegen Nacktschnecken vorgehen muss (Anfang Frühling) und welche der Pflanzen neue Blüten bilden, wenn Sie alte abschneiden (Katzenminze, Salbei, Anemone, Dahlie und viele andere). Sie werden einen Sämling von einem Unkraut unterscheiden können und wissen, wann Sie im Frühling abgeblühte Stängel zurückschneiden müssen. Sie werden wissen, wann eine Pflanze Wasser braucht und wie schnell sie wachsen wird. Wenn Sie jedes Stadium Ihrer Pflanzen bewusst miterleben – Sämling, Knospe, Blüte und Fruchtstand –, wird Ihnen die Gartenpflege leichtfallen.

Oregano-Fruchtstände

ZEHN PFLANZEN MIT AUFFÄLLIGEN STÄNGELN UND FRUCHTSTÄNDEN

Achillea 'Terracotta'
Allium schubertii
Echinacea pallida
Eryngium agavifolium
Phlomis russeliana
Perovskia 'Blue Spire'
Rudbeckia fulgida var. *sullivantii* 'Goldsturm'
Stipa gigantea
Sedum 'Matrona'
Thalictrum delavayi

LINKS Das Pflanzenskelett des Fenchels.
LINKS UNTEN Die Mannstreu-Art *Eryngium eburneum* mit Raureif.
RECHTS UNTEN Blauraute 'Blue Spire'
GEGENÜBER Die winterlichen Fruchtstände der Astern funkeln wie Sterne.

Eine Mischung aus verschiedenen Formen, Größen und Strukturen sorgt dafür, dass der Garten auch noch lange nach der Blüte interessant aussieht.

Planen und pflanzen

Bei der Auswahl der Pflanzen ist es wichtig, verschiedene Formen zu kombinieren, um Muster und Kontraste zu erzeugen.

Wenn Sie Pflanzen für Ihren Garten auswählen, ist die richtige Mischung entscheidend. Verwenden Sie verschiedene Formen und Pflanzen, die zueinander passen.

Bei der Zusammenstellung Ihrer Liste von Pflanzen für Ihren Garten lautet die wichtigste Frage: „Was gefällt mir und was möchte ich anpflanzen?" Denken Sie an Ihre Lieblingspflanzen und finden Sie heraus, was Sie an Ihnen so mögen. Sind es ihre Farben? Ihr luftiger Wuchs? Oder die Art, wie sie im Wind wogen? Vielleicht sind sie auch bei Bienen beliebt. Entscheiden Sie sich für eine Pflanze, die Sie besonders gern haben möchten und wählen Sie dazu passende andere Pflanzen.

Nicht jede Pflanze auf Ihrer Liste muss ein Blickfang sein, man braucht auch dezentere Elemente. Sie bilden den Hintergrund, der die auffälligen Pflanzen optisch hervortreten lässt.

Als Hintergrund- oder Füllpflanzen eignen sich vor allem kleinere Arten oder Gräser. Sie sorgen zwischen den auffälligen Pflanzen für Abwechslung und Bewegung im Garten.

NICHT ÜBERTREIBEN

Damit der Garten harmonisch wirkt, sollte man es mit der Anzahl der verschiedenen Pflanzen nicht übertreiben. Stattdessen werden die gleichen Formen und Farben mehrmals wiederholt. Es ist wie in der Natur, wo eine Pflanzenart immer wieder an unterschiedlichen Stellen zu sehen ist. Verwendet man zu viele Pflanzen, wirkt besonders ein kleiner Garten schnell überladen und chaotisch. Als Faustregel gilt: Beschränken Sie sich auf sieben verschiedene Pflanzen in drei verschiedenen Formen. Wiederholung ist alles.

Salbei 'Amistad'

FRÜHSOMMER

TRAUMPAAR

Mazedonische Witwenblume
• Russel-Brandkraut

Das Russel-Brandkraut passt perfekt zur Mazedonischen Witwenblume. Die Blütenwirbel entlang der schnurgeraden Stängel des Brandkrauts ähneln den bunten Tupfen der Witwenblume auf ihren geschmeidigen Stängeln. Beide „Blumen“ sind rund, farbenfroh und ähnlich groß. Die stabilen Stängel des Brandkrauts dienen der Witwenblume als Stütze. Dieses hoch wachsende Paar ist luftig genug, sodass man auch die Pflanzen dahinter sehen kann.

FRÜHSOMMER

SEITE AN SEITE

Herbst-Blaugras • Katzenminze 'Walker's Low'
• Sternkugel-Lauch
• Storchschnabel 'Rose Clair'

Katzenminze, Storchschnabel und das Herbst-Blaugras fügen sich nahtlos ineinander und der Sternkugel-Lauch zieht seine Spur hindurch. Die Katzenminze 'Walkers Low' und der Sternkugel-Lauch passen gut zusammen. Trotz ihrer unterschiedlichen Blütenstandsformen – Kerze und Kugel – bestehen beide Pflanzen aus zahlreichen kleinen Blüten. Auch für den Storchschnabel 'Rose Clair' und seine adretten Blüten ist hier noch Platz. Diese Kombination breitet sich rasch aus, aber die Pflanzen verzweigen sich alle von der Sprossachse aus, ohne zu wuchern.

HOCHSOMMER

KALEIDOSKOP DER FORMEN

Agavenblättriger Mannstreu • Bleicher Scheinsonnenhut • Hain-Salbei 'Caradonna'

Die Pflanzen dieser Kombination sorgen dafür, dass der Garten zu jeder Jahreszeit interessant aussieht. Die Kerzen des Hain-Salbeis, die Tupfen des Bleichen Scheinsonnenhuts und die Dolden des Agavenblättrigen Mannstreu harmonieren miteinander und selbst nach der Blüte bleiben ihre Formen als architektonische Fruchtstände erhalten. Blüten bzw. Blütenstände in verschiedenen Formen ziehen nicht nur die Blicke auf sich, sondern locken auch unterschiedliche Bestäuber an: Manche Insekten haben sich auf bestimmte Blütenformen spezialisiert.

FRÜHHERBST

FORMENSPIEL

Blauraute 'Blue Spire' • Blaues Pfeifengras 'Moorhexe' • Fetthenne 'Matrona' • Granat-Kugel-Lauch (Fruchtstand)

Bei dieser Kombination steht der Kontrast im Vordergrund. Den bieten die Schirmrispen, Kerzen und Halme von Fetthenne, Blauraute und Pfeifengras. Die flachen Blütenteller der Fetthenne 'Matrona' betonen die hochstrebenden Kerzen der Blauraute. Die Gräser bringen ein weiteres vertikales Element ins Spiel. Nach der Blüte des Granat-Kugel-Lauchs greifen dessen kugelige Fruchtstände die Form und Struktur der Fetthenne auf.

FRÜHHERBST

HOCH HINAUS

Orientalisches Lampenputzergras 'Tall Tails'
• Eisenkraut 'Lavender Spires'

Die flauschigen Blütenstände des Lampenputzergrases passen gut zum Eisenkraut 'Lavender Spires'. Beide Pflanzen haben schlanke Stängel und sind länglich und schmal. Sie blühen zur gleichen Zeit und auf gleicher Höhe. Die Blütenstände durchdringen sich gegenseitig und werden von dezentem Blätterwuchs aufgelockert.

FRÜHHERBST

FARBTUPFEN

Großer Wiesenknopf 'Red Buttons'
• Herbst-Anemone 'Hadspen Abundance'
• Ruten-Hirse 'Shenandoah'

In dieser Kombination aus Tupfen und Rispen ist die rosige Herbst-Anemone 'Hadspen Abundance' die Hauptattraktion. Sie blüht von Hochsommer bis Mitte Herbst. Die runden, samtigen Blüten werden durch die verstreuten Farbpunkte des Großen Wiesenknopfs hervorgehoben. Die luftige Ruten-Hirse 'Shenandoah' raschelt im Wind und verleiht dem Garten mehr Leichtigkeit.

FRÜHHERBST

KLARE FLÄCHEN

Duftnessel (Fruchtstand) • Herbst-Blaugras • Palmlilien-Mannstreu • Aster

Klare Linien und einfache Formen sind die Grundlage dieser mehrschichtigen Kombination. Palmlilien-Mannstreu, Herbst-Blaugras und Astern bilden verschiedene Flächen, die unterschiedlich hoch werden. Die Duftnessel, die im Sommer blüht, bildet eine weitere Ebene und greift die Formen der anderen Pflanzen auf.

FRÜHHERBST

WIEDERHOLUNGEN

Granat-Kugel-Lauch • Palmlilien-Mannstreu • Sonnenbraut 'Moerheim Beauty'

Kombiniert man Blütenstände, die ähnlich geformt, aber unterschiedlich groß sind, entsteht ein ganz eigener Rhythmus. Der Granat-Kugel-Lauch, der Palmlilien-Mannstreu und die Sonnenbraut 'Moerheim Beauty' benötigen unterschiedlich viel Platz. Die Sonnenbräute wachsen dicht nebeneinander, der Mannstreu verzweigt sich und die Blütenkugeln des Lauchs stehen weit auseinander – eine Kugel auf jedem Stängel.

Eng beieinander: Die Kugeldistel 'Veitch's Blue' und die Blauraute 'Blue Spire'.

Pflanzpläne

Ein Pflanzplan ist rasch erstellt und ein wichtiges Hilfsmittel, um Ideen zu sammeln und zu ordnen. Er ist der Wegweiser zu Ihrem eigenen Blumenparadies.

Damit aus Ihrem Garten nicht nur eine wahllose Ansammlung Ihrer Lieblingsblumen wird, benötigen Sie einen Plan. Mit Papier, Lineal, Radiergummi, Bleistift und einigen Buntstiften können Sie Ideen festhalten, Kombinationen erstellen und eine Anordnung ausarbeiten. Und das alles noch, bevor Sie zum Spaten greifen oder Geld ausgeben. Herumgekritzel und Radiererei gehören zwar auch dazu, aber eine Skizze ist schnell gemacht.

Schreiben Sie als Erstes Ihre Wunschliste. Unterstreichen Sie die Blumen, die Sie unbedingt haben möchten, und zeichnen Sie Pfeile zwischen Pflanzen, die gut zueinander passen – etwa, weil sie die gleichen tollen Formen oder hübsche Farben haben. Markieren Sie auch Pflanzen, die interessante Kontraste bilden.

Berücksichtigen Sie die Größen der Pflanzen. Man soll in den Garten eintauchen und in allen Richtungen Pflanzen sehen können. Die passende Mischung ist entscheidend. Besonders in einem kleinen Garten ist es wichtig, dass auch einige hohe Pflanzen dabei sind.

Kürzen Sie Ihre Liste dann auf maximal sechs oder sieben Pflanzen. So bleibt genügend Spielraum für Wiederholungen – das Geheimnis eines einheitlichen Gartens.

Hain-Salbei 'Viola Klose'

Ein schriftlicher Plan regt Ihre Kreativität an und hilft, Ihre Ideen zu ordnen. Ihr Pflanzplan sollte auf ein einziges Blatt Papier passen.

Skizzieren Sie nun die Umrisse Ihres Gartens auf einem Blatt Papier. Ein Maßstab von 3 cm : 1 m eignet sich dafür gut. Der gesamte Plan sollte auf ein einzelnes Blatt passen und nicht zu viele Details enthalten. Am besten sind klare Linien und Formen.

Unterteilen Sie Ihren Entwurf in einfache geometrische Formen. Jede Form steht für einen Bereich aus einer einzelnen Pflanzenart. Machen Sie größere und kleinere Bereiche, so wie in der natürlichen Pflanzengesellschaft.

Teilen Sie die Pflanzen den Bereichen zu. Jede Pflanze soll in mindestens zwei Bereichen vorkommen. Setzen Sie ähnliche oder kontrastierende Pflanzen in benachbarte Bereiche. Beachten Sie auch, was Ihnen beim Blick aus dem Fenster oder beim Verlassen des Hauses als Erstes ins Auge fällt. Setzen Sie Ihre Lieblingspflanze oder bevorzugte Kombination daher dorthin, wo sie am häufigsten gesehen wird.

Wenn Sie einen größeren Garten besitzen und zwei verschiedene Pflanzbereiche planen, sollten Sie in beiden Bereichen vorwiegend die gleichen Pflanzen setzen – aber zum Beispiel eine Pflanze auf einer Seite weglassen oder eine neue von Ihrer Liste hinzufügen.

Um den gesamten Garten zu einer optischen Einheit zu verbinden, können Sie quer durch die Beete Streifen aus jeweils einer Pflanzenart setzen. Zeichnen Sie auch diese in Ihren Plan ein. Für solche Streifen eignen sich Honiglauch oder Zierlauch besonders gut.

Wenn Ihr Plan fertig ist, gehen Sie alles noch einmal durch. Es kann hilfreich sein, auch die Blütenformen zu skizzieren. Stellen Sie sich vor, Sie stünden vor Ihrem Garten. Zeichnen Sie, was Sie sehen werden. Stellen Sie die Höhen und Formen der Pflanzen mit einfachen Linien dar und verschaffen Sie sich so einen Überblick.

Der Pflanzplan ist Ihr Ausgangspunkt. Er soll Sie inspirieren und Ihre Ideen grafisch darstellen. Sie müssen ihn nicht 1:1 umsetzen. Machen Sie einige Kopien von Ihrem Plan und zeichnen Sie im Grundriss einige Änderungen ein: andere Pflanzmuster oder andere Pflanzen. Probieren Sie verschiedene Varianten aus, bis Ihnen ein Design besonders zusagt.

Notieren Sie auf den Plänen auch, welche Eigenschaften bestimmte Pflanzen mitbringen. Das hilft Ihnen beim Austauschen und Hinzufügen unterschiedlicher Elemente.

Unerwartet wild

VERWENDETE PFLANZEN
Achillea 'Summerwine'
Achillea 'Terracotta'
Allium hollandicum 'Purple Sensation'
Eryngium agavifolium
Perovskia 'Blue Spire'
Salvia 'Amistad'
Salvia nemorosa 'Amethyst'

VORTEILE DIESES PLANS

Hier werden Pflanzen mit starken vertikalen Elementen verwendet. Miteinander kombiniert bringen diese Pflanzen viel Höhe und unterschiedliche Ebenen in den Garten: Der Hain-Salbei 'Amethyst' wird zum Beispiel halb so hoch wie sein Artgenosse 'Amistad', während der Mannstreu (*Eryngium*) stark in die Höhe schießt.

Schafgarben (*Achillea*) mit flachen Blütentellern bilden einen Formenkontrast und ihre Fruchtstände bleiben bis in den Winter bestehen. Das Farbschema dieses Gartens ist vorwiegend blau und grün – sehr beliebt bei Bienen.

Mix aus Dolden, Schirmrispen, Rispen und Tupfen
naturnahe Pflanzen geometrisch angeordnet
Kugelförmige Fruchtstände
Lauch in Streifen gesetzt als verbindendes Element
Stütze für biegsame Schafgarben
samtige Blüten, die Zugang zu Pollen bieten
Magnet für kleinere Bestäuber: kleine Blüten für kleine Mundwerkzeuge
Streifen aus Allium hollandicum 'Purple Sensation'
Perovskia 'Blue Spire'
Achillea 'Terracotta'
Eryngium agavifolium
Eryngium agavifolium
Perovskia 'Blue Spire'
Salvia 'Amistad'
Salvia nemorosa 'Amethyst'
Achillea 'Summerwine'
Achillea 'Terracotta'
bunte Farben locken Bestäuber an
hohe Pflanzen ganz vorne
bienenblaue Blüten
bildet Büschel, wuchert nicht
begrenzte Farbpalette
Schlupflöcher in hohlen Stängeln – hier überwintern Marienkäfer und Florfliegen
helle Stängel setzen im Winter Akzente
Wiederholung von Formen erzeugt Bewegung

Formenmix

VERWENDETE PFLANZEN

Actaea simplex 'James Compton'

Anemone hupehensis 'Hadspen Abundance'

Deschampsia cespitosa 'Goldtau'

Foeniculum vulgare 'Giant Bronze'

Tulipa 'Spring Green'

VORTEILE DIESES PLANS

In diesem Plan werden große Pflanzen, deren Blüten und Blätter in die Höhe streben, mit niedrigeren, bodendeckenden Arten kombiniert. Im Frühling geht es mit der Tulpenblüte los. Im Frühsommer wird sie von den Stauden abgelöst. Die grünen Blätterwolken des Fenchels und die zarten Rispen der Rasen-Schmiele sind von gelben Dolden und später von den Blütentellern der Herbst-Anemone durchsetzt. Im Herbst reckt die Oktober-Silberkerze ihre Blüten in Form von Flaschenbürsten in die Höhe. Alle Pflanzen bilden architektonische Fruchtstände, die den Garten auch im Winter zieren.

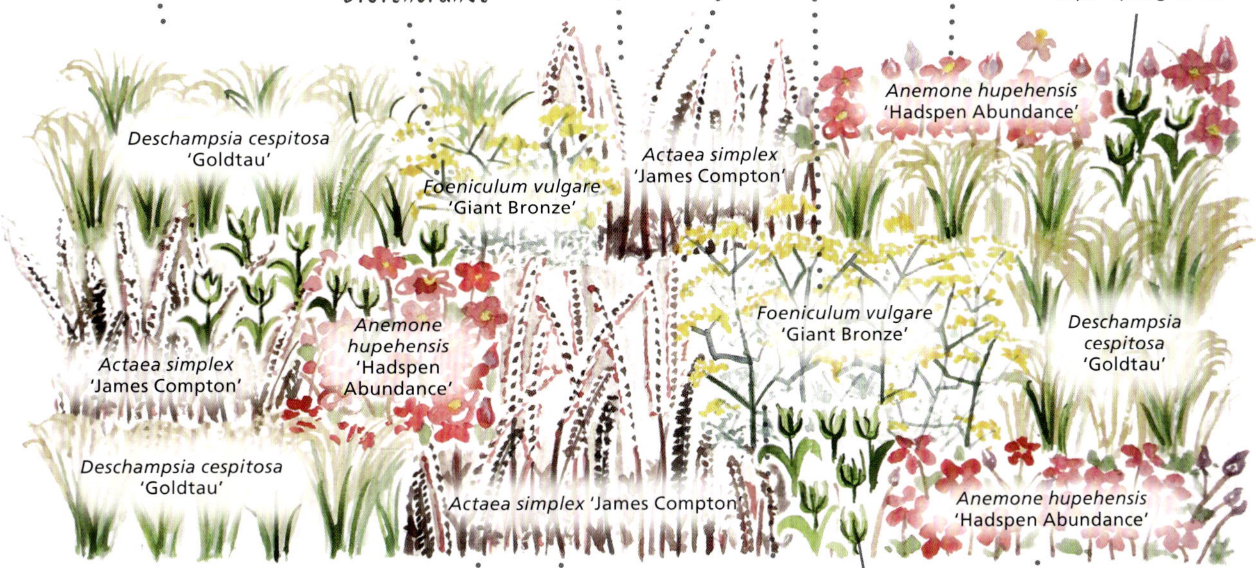
Fruchtstände in Form der Blütenstände
Stängel breiten sich zur Seite aus und füllen Lücken
bedeckt den Boden, hält Unkraut fern
Mix aus Dolden, Kerzen und Tupfen
auch nach der Blütezeit hübsch
bringt Höhe
sät sich verlässlich selbst aus
Früh-blüher
Flaschenbürsten-Blütenstände
dichtere Blüten
luftigere Blütenstände
Tulipa 'Spring Green'
Anemone hupehensis 'Hadspen Abundance'
Deschampsia cespitosa 'Goldtau'
Actaea simplex 'James Compton'
Foeniculum vulgare 'Giant Bronze'
Foeniculum vulgare 'Giant Bronze'
Anemone hupehensis 'Hadspen Abundance'
Deschampsia cespitosa 'Goldtau'
Actaea simplex 'James Compton'
Deschampsia cespitosa 'Goldtau'
Actaea simplex 'James Compton'
Anemone hupehensis 'Hadspen Abundance'
Tulipa 'Spring Green'
gute Nachbarn: Pflanzen bilden Büschel, ohne zu wuchern
Spät-blüher
blattlose Stängel lassen Licht an die Pflanzen
blüht über 12 Wochen lang
Wiederholung der Kombinationen schafft ein einheitliches Bild
eine starke vertikale Form
langlebige Struktur
auffällige Blütengruppen locken Fluginsekten an
ausgedehnte Gruppen wirken modern
Gräser wirken natürlich
Farbakzente

Tupfen und Kerzen

VERWENDETE PFLANZEN
Allium atropurpureum
Molinia caerulea subsp. *caerulea* 'Moorhexe'
Perovskia 'Blue Spire'
Sedum 'Matrona'
Sesleria autumnalis

VORTEILE DIESES PLANS

Dieser Plan legt viel Wert auf Strukturen und kombiniert unzählige winzige Blüten. Granat-Kugel-Lauch, Fetthenne und Blauraute blühen nacheinander von Mittfrühling bis Frühherbst in kugeligen, flachen und länglichen Blüten. Ihre Formen bilden einen interessanten Kontrast, aber ihre Strukturen ähneln und wiederholen sich. Ein Trio aus Gräsern mit blattlosen Stängeln und flauschigen Spitzen erzeugt verschieden hohe Ebenen und bringt an windigen Tagen Bewegung in den Garten.

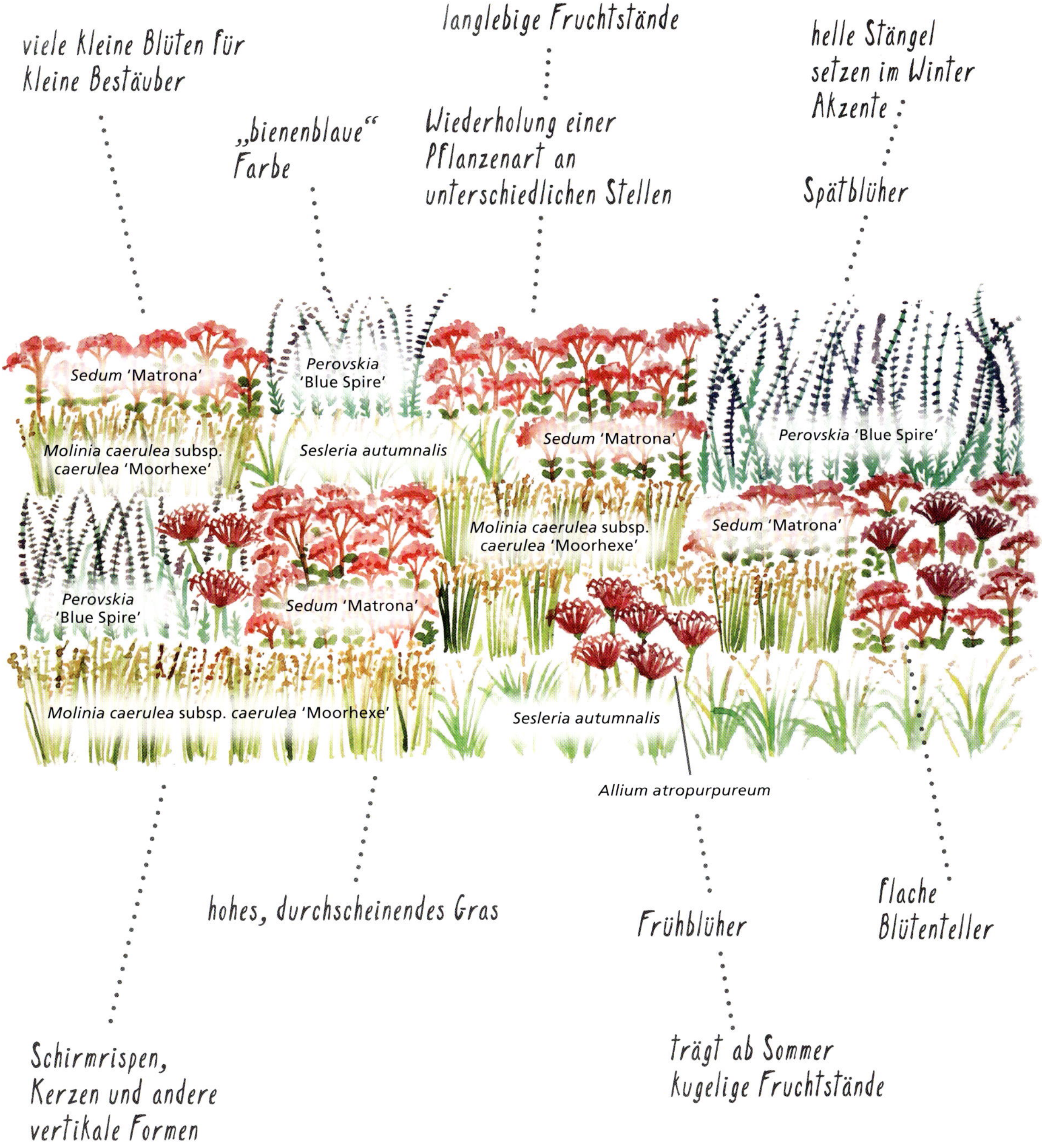
viele kleine Blüten für kleine Bestäuber
„bienenblaue" Farbe
langlebige Fruchtstände
Wiederholung einer Pflanzenart an unterschiedlichen Stellen
helle Stängel setzen im Winter Akzente
Spätblüher
Sedum 'Matrona'
Perovskia 'Blue Spire'
Molinia caerulea subsp. caerulea 'Moorhexe'
Sesleria autumnalis
Sedum 'Matrona'
Perovskia 'Blue Spire'
Molinia caerulea subsp. caerulea 'Moorhexe'
Sedum 'Matrona'
Perovskia 'Blue Spire'
Sedum 'Matrona'
Molinia caerulea subsp. caerulea 'Moorhexe'
Sesleria autumnalis
Allium atropurpureum
hohes, durchscheinendes Gras
Frühblüher
flache Blütenteller
Schirmrispen, Kerzen und andere vertikale Formen
trägt ab Sommer kugelige Fruchtstände

Kugeln und Gräser

VERWENDETE PFLANZEN

Eurybia × herveyi (Syn. *Aster macrophyllus* 'Twilight')
Deschampsia cespitosa 'Goldtau'
Helenium 'Moerheim Beauty'
Rudbeckia triloba
Stipa tenuissima

VORTEILE DIESES PLANS

In dieser Zusammenstellung aus bronzefarbenen, gelben und kupferigen Farbtönen werden unterschiedliche Höhen und Größen harmonisch kombiniert. Die langen Blätter der Rasen-Schmiele bedecken gemeinsam mit dem Federgras den Boden, aber ihre Blütenstände werden so hoch wie die tupfenförmigen Blumen. Die gelben Blütenköpfe des Dreilappigen Sonnenhuts (*Rudbeckia triloba*) und die orangefarbene Sonnenbraut sorgen für Farbakzente. Später im Jahr durchsetzen ihre kugeligen Fruchtstände die Gräser. Im Herbst bringen die sternförmigen Blüten der Astern einen letzten Schwung Farbe in den Garten.

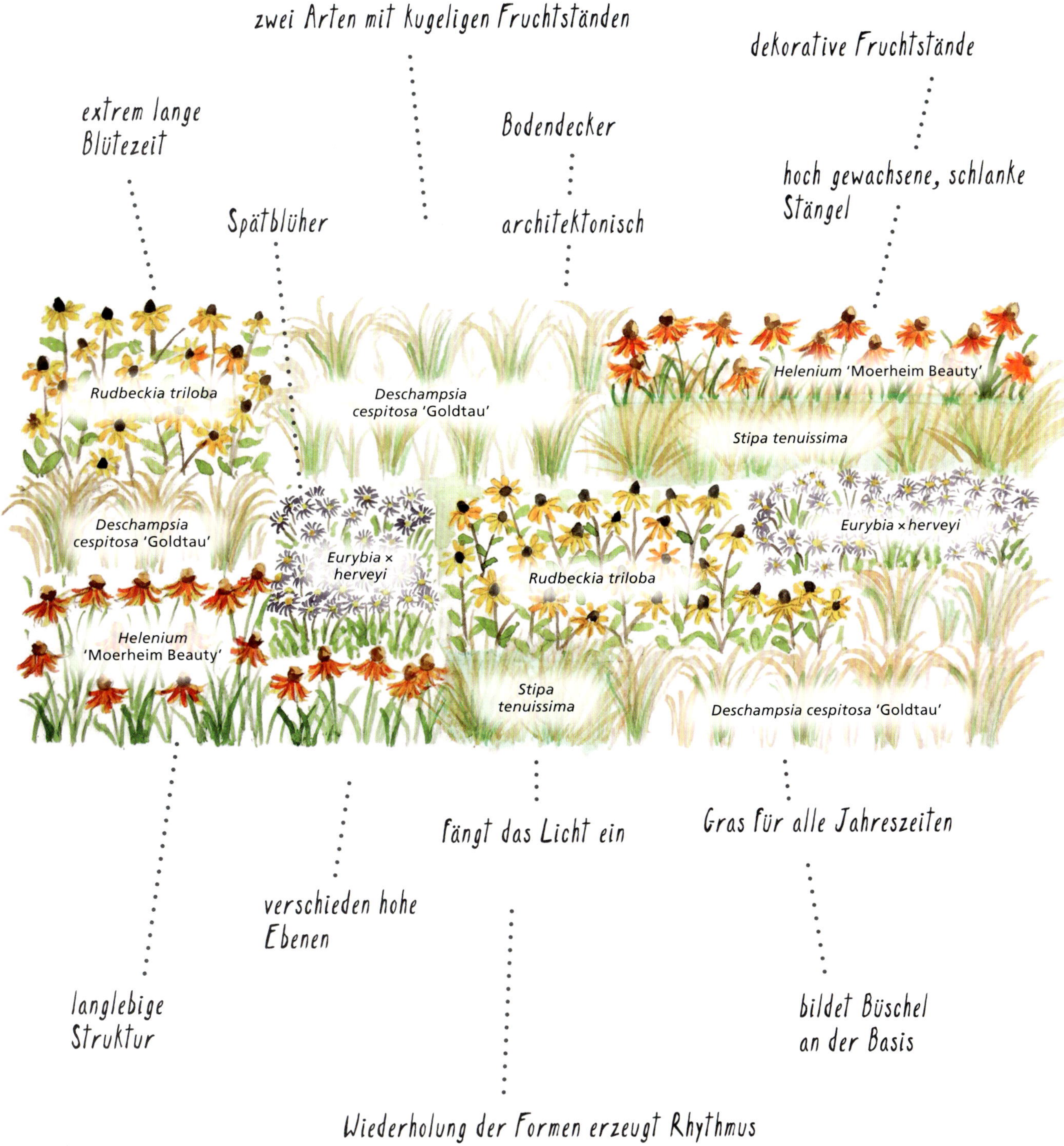
zwei Arten mit kugeligen Fruchtständen
dekorative Fruchtstände
extrem lange Blütezeit
Bodendecker
hoch gewachsene, schlanke Stängel
Spätblüher
architektonisch
Rudbeckia triloba
Deschampsia cespitosa 'Goldtau'
Helenium 'Moerheim Beauty'
Stipa tenuissima
Deschampsia cespitosa 'Goldtau'
Eurybia × herveyi
Eurybia × herveyi
Rudbeckia triloba
Helenium 'Moerheim Beauty'
Stipa tenuissima
Deschampsia cespitosa 'Goldtau'
fängt das Licht ein
Gras für alle Jahreszeiten
verschieden hohe Ebenen
langlebige Struktur
bildet Büschel an der Basis
Wiederholung der Formen erzeugt Rhythmus

Hoch hinaus

VERWENDETE PFLANZEN
Miscanthus sinensis 'Malepartus'
Rudbeckia triloba
Sanguisorba officinalis 'Red Buttons'
Verbena bonariensis

VORTEILE DIESES PLANS

In diesem Mix aus kontrastierenden Strukturen für das ganze Jahr ist Höhe ein entscheidender Faktor. Das Eisenkraut (*Verbena*) bildet ein Gerüst aus Stängeln, besetzt mit violetten Blüten. Es wächst so hoch wie das Chinaschilf (*Miscanthus*) und setzt zusätzlich noch Farbakzente. Einen kleinen Garten teilt man am besten in größere Beete auf. Das wirkt modern und betont die Formen der verschiedenen Pflanzen.

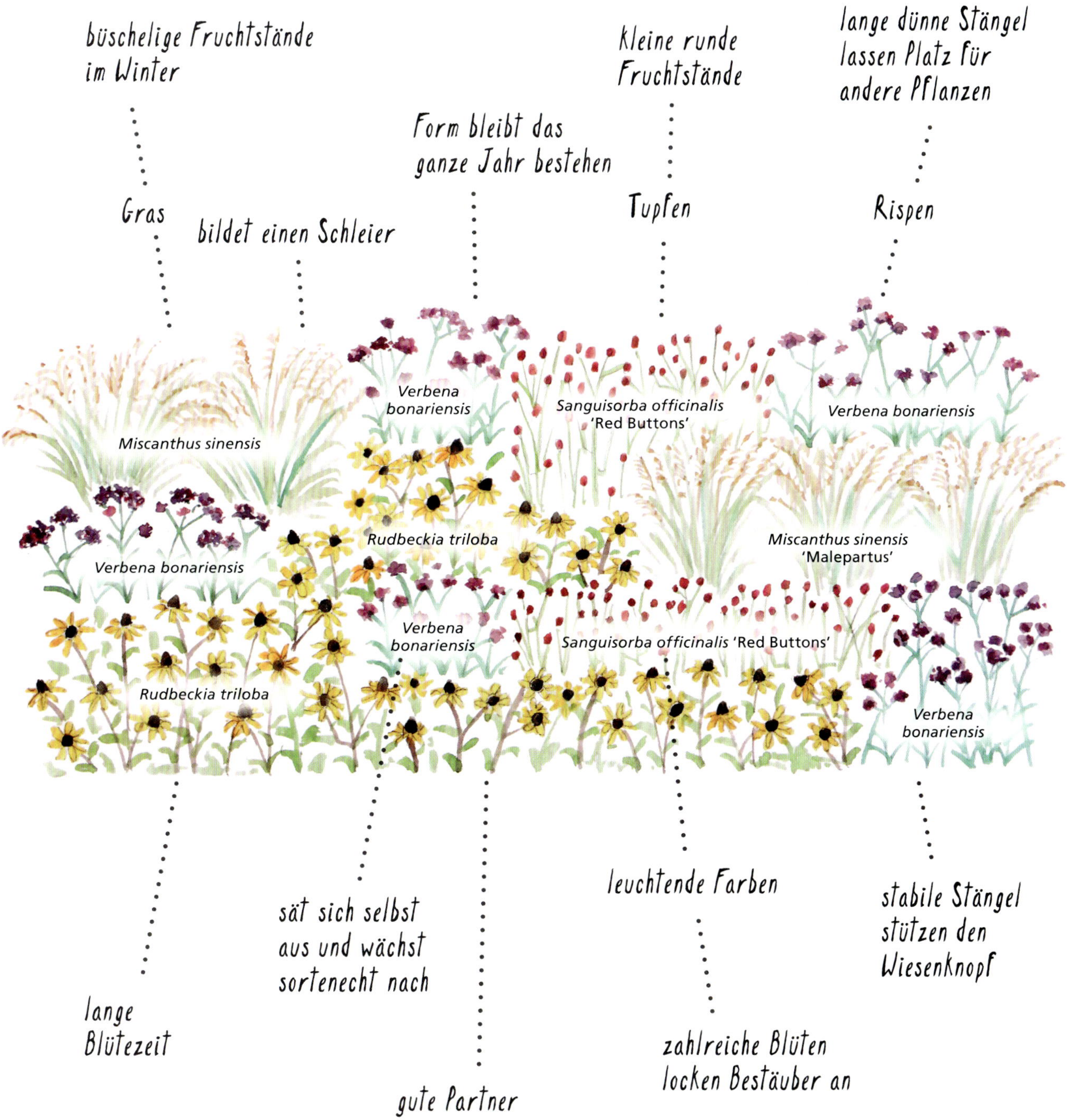
büschelige Fruchtstände im Winter
Gras
bildet einen Schleier
Form bleibt das ganze Jahr bestehen
kleine runde Fruchtstände
Tupfen
lange dünne Stängel lassen Platz für andere Pflanzen
Rispen
Verbena bonariensis
Sanguisorba officinalis 'Red Buttons'
Verbena bonariensis
Miscanthus sinensis
Rudbeckia triloba
Miscanthus sinensis 'Malepartus'
Verbena bonariensis
Verbena bonariensis
Sanguisorba officinalis 'Red Buttons'
Rudbeckia triloba
Verbena bonariensis
lange Blütezeit
sät sich selbst aus und wächst sortenecht nach
gute Partner
leuchtende Farben
zahlreiche Blüten locken Bestäuber an
stabile Stängel stützen den Wiesenknopf

Wie viele Pflanzen?

Jede Pflanze benötigt ausreichend Platz in der Erde, sodass sie sich entwickeln und zu benachbarten Pflanzen hin ausbreiten kann. Wenn die Pflanzen anfangs noch in ihren Töpfen stecken, kann man schwer abschätzen, wie groß sie letzten Endes werden.

Die Größe einer Pflanze wird von ihrer Physiologie und ihrem Standort bestimmt. Eine Pflanze, die viel Platz, genügend Licht und die richtige Erde hat, ist immer gesünder und robuster als eine Pflanze, die auf engstem Raum um Wasser und Licht kämpfen muss. Eine glückliche Pflanze füllt ihren Platz rasch aus und schmiegt sich harmonisch an ihre Nachbarn.

Am besten kalkulieren Sie im Voraus, wie viele Pflanzen Sie am Anfang benötigen, selbst wenn Sie nicht alle auf einmal einsetzen. Ihre Pflanzen werden vom richtigen Pflanzabstand profitieren und Sie müssen später nichts mehr verändern, weil Sie die Pflanzen zu eng aneinander gesetzt haben.

Nehmen Sie die Maße Ihres Gartens in Quadratmetern, wenn Sie sie nicht schon auf Ihrem Plan vermerkt haben. Berechnen Sie die einzelnen Bereiche für jede Pflanzenart. Das sollte kein Problem sein, da Sie alle Pflanzen in mehrere gleiche, geometrische Beete setzen. Sie müssen auch nicht ganz genau rechnen, sondern können auf- oder abrunden.

Schauen Sie auf den Seiten 32–97 nach, wie viele Pflanzen einer Art pro Quadratmeter gesetzt werden sollen. Berechnen Sie dann die Anzahl der Pflanzen anhand der Größe des ihnen zugeteilten Beets.

Bei Neupflanzungen sollte immer etwas freier Boden zwischen den Pflanzen zu sehen sein. Mit dem passenden Pflanzabstand werden sich die Pflanzen ideal miteinander entwickeln und schon bald werden Sie die einzelnen Beete nicht mehr erkennen können.

Zum Beispiel: Blauraute = 4 pro m^2

ABMESSUNGEN	FLÄCHE	PFLANZENANZAHL
0,75 × 1 m	0,75 m^2	3 Pflanzen
1 m × 1 m	1 m^2	4 Pflanzen
1,5 m × 1 m	1,5 m^2	6 Pflanzen
1,5 m × 1,5 m	2,25 m^2	9 Pflanzen

Pflanzen kaufen

Neue Pflanzen kann man in Baumärkten, Gärtnereien, Gartencentern und Online-Shops erwerben. Wenn Sie nur gelegentlich ein paar Stunden Zeit für Ihren Garten haben, sollten Sie immer nur ein paar Pflanzen auf einmal kaufen. Und zwar persönlich beim Händler, um Versandkosten zu sparen. Ein Abstecher in eine Staudengärtnerei lohnt sich. Dort finden Sie wahrscheinlich viele Ihrer gewünschten Pflanzen und bekommen auch die richtige Beratung dazu. Oft sind die Pflanzen auch in interessanten Kombinationen ausgestellt und bringen Sie vielleicht auf gute Ideen. Die meisten Gärtnereien werden Pflanzen für Sie reservieren, wenn Sie vorher anrufen, oder eine ausverkaufte Pflanze ohne Aufpreis für Sie nachzüchten.

Kaufen Sie nur Pflanzen mit einem kräftigen, gesunden Wuchs und saftig grünen Blättern. Die Wurzeln sollten in feuchter Erde stecken und der Topf sollte frei von Unkraut sein. Ist eine Pflanze gelblich verfärbt, kann das bedeuten, dass sie schon zu lange im Topf ist und die Nährstoffe in der Erde verbraucht hat. Achten Sie auf kräftige Stängel und neuen Wuchs an der Basis – das ist wichtiger als starker Blütenansatz. Ein paar feine Wurzeln, die an der Unterseite des Topfs aus den Abzugslöchern wachsen, sind kein Grund zur Sorge.

Beim Online-Kauf haben Sie den Vorteil, dass Sie schnell bestellen und aus einem riesigen Sortiment wählen können. Pflanzen im Topf können ganzjährig geliefert werden. Nicht so bei lokalen Gärtnereien, wo Sie vielleicht voller Vorfreude ankommen und dann herausfinden, dass einige Ihrer Wunschpflanzen nicht mehr erhältlich sind. Die meisten Gartencenter verkaufen Pflanzen nur während der Blütezeit und es kann schwierig sein, alles zu bekommen. Da freut man sich umso mehr, ein Paket voller gesunder, saftig grüner Pflanzen direkt vor die Haustür geliefert zu bekommen.

LINKS Die Katzenminze 'Walker's Low' und der Agavenblättrige Mannstreu im Versandpaket.
RECHTS Öffnen Sie das Paket so bald wie möglich und lassen Sie Tageslicht an die Pflanzen. Wickeln Sie die Pflanzen sorgfältig aus der Verpackung, um die zarten Blätter nicht zu verletzen. Zerdrückte Blätter oder Stiele richten sich von allein wieder auf.

Meist gibt es eine pauschale Versandgebühr. Machen Sie daher möglichst wenige Einzelbestellungen. Die Lieferzeit nach der Bestellung beträgt üblicherweise 3–10 Tage. Planen Sie Ihre Zeit dementsprechend ein, damit Sie bereit sind, wenn die Pflanzen kommen. Wenn Sie das Paket erhalten, öffnen Sie es sofort, auch wenn Sie nicht direkt mit dem Pflanzen beginnen. Entfernen Sie vorsichtig die Verpackung und geben Sie den Pflanzen nach ihrer langen Reise etwas Wasser. Stellen Sie die Pflanzen im Freien an einen kühlen, geschützten Ort und achten Sie darauf, dass ihre Erde immer feucht bleibt, bis Sie die Pflanzen in den Garten setzen.

In Gärtnereien sowie in Online-Shops wird eine Pflanze oft in zwei Größen angeboten. Eine Pflanze in einem 20-cm-Topf ist bereits größer als eine Pflanze im 9-cm-Topf und daher auch teurer. Der Gärtner hat schließlich mehr Zeit und Pflege in sie investiert. Für Ihren wilden Garten reicht die 9-cm-Größe jedoch völlig aus. Stauden entwickeln sich von Natur aus sehr schnell. Sie haben Pflanzen aus größeren Töpfen im Nu eingeholt und akklimatisieren sich auch schneller im Garten.

UNTEN Wässern Sie die Pflanzen mit der Gießkanne. Stellen Sie die Pflanzen an einen geschützten Ort, an dem sie sich von ihrer Reise erholen können.
RECHTS Stellen Sie die Pflanzen zuerst mitsamt den Töpfen an ihren Platz. So erhalten sie einen Überblick, bevor sie die Pflanzen in die Erde setzen.

Praktische Gartenplanung

Die Anordnung der Pflanzen im Garten ist genauso wichtig wie die Auswahl der Pflanzen selbst. Auch wenn Sie Ihre Neuankömmlinge am liebsten sofort in die Erde setzen würden, sollten Sie sich zuvor überlegen, wohin die Pflanzen kommen. Dabei geht es nicht um den exakten Platz für jede einzelne Pflanze, sondern um ein ausgewogenes Gesamtbild. In Ihrem Plan haben Sie bereits eine Mischung aus Formen und Pflanzengruppen zusammengestellt, aber die beste Anordnung für Ihre Pflanzen finden Sie am leichtesten im Garten selbst heraus.

Stellen Sie Ihre Pflanzen mitsamt ihrer Töpfe auf der Erde auf. Gehen Sie dabei nach Ihrem Plan vor, aber verändern Sie die Positionen nach Bedarf. Betrachten Sie den Garten als ein Gesamtwerk. Stellen Sie sich folgende Fragen:

- **Gruppen** Sind Ihre großen Gruppen groß und auffallend genug? Wiederholen sich die kleineren?
- **Wiederholung** Verwenden Sie die gleichen Pflanzen an mehreren Stellen? Wiederholen sich Kombinationen mehr als einmal?
- **Ähnlichkeit** Stehen ähnliche Blütenformen nebeneinander? Zwei verschiedene Kerzen, Seite an Seite gepflanzt, betonen jeweils die längliche Form der anderen.
- **Kontraste** Gibt es Blütenformen, die miteinander kontrastieren? Ein flacher Blütenteller neben einer Rispe unterstreicht beide Formen.
- **Größe** Bestehen manche Gruppen aus niedrigen und manche aus hohen Pflanzen? Gibt es verschiedene Größen? Die Abstände zwischen den Gruppen aus größeren Pflanzen sind genauso wichtig wie die Gruppen selbst.
- **Vorne und hinten** Stehen auch vorne im Garten hohe Pflanzen? Auch wenn sie gut in den hinteren Bereich passen, wirken sie noch besser ganz vorne, wo man die hinteren Pflanzen zwischen ihnen erspähen kann.

Machen Sie dann ein paar Schritte zurück und mustern Sie Ihren Garten. Gehen Sie ins Haus und betrachten Sie ihn auch aus dem Fenster. Achten Sie darauf, was Sie als Erstes sehen, wenn Sie zur Tür herauskommen. Setzen Sie die Pflanzen erst ein, wenn Sie mit der Anordnung rundum zufrieden sind.

Pflanzen richtig setzen

Die folgende einfache Anleitung gilt für fast alle Stauden und bietet Ihren Pflanzen den besten Start ins Gartenleben: Graben sie ein Loch, das tief genug ist, zupfen sie ein paar Wurzeln heraus, um neuen Wuchs anzuregen, und wässern Sie die Pflanzen vor und nach dem Setzen ausreichend.

Am Anfang wird Ihr Garten eher karg aussehen. Dennoch ist es wichtig, genügend Abstand zwischen den Pflanzen zu lassen, damit sie sich ausbreiten und wachsen können (beachten Sie die Pflanzdichte in den Infokästen auf den Seiten 32–97).

Gießen Sie Ihre Pflanzen regelmäßig, bis Sie neuen Blattwuchs an den Spitzen entdecken. Das kann 1–2 Wochen dauern. Gießen Sie die Pflanzen alle paar Tage und wässern Sie die Erde dabei gründlich. Das ist besser, als wenn Sie öfter und sparsamer gießen. Häufiges, oberflächliches Gießen führt nur dazu, dass die Pflanzen kürzere Wurzeln bilden und auf längere Sicht empfindlicher werden. Bis sich die Pflanzen im Garten akklimatisiert haben, dauert es ein paar Wochen, aber danach wird der Regen das Gießen für Sie übernehmen.

Katzenminze 'Walker's Low'

Wässern Sie die Pflanzen noch im Topf gründlich, bis das Wasser an der Unterseite wieder aus den Löchern fließt. Lassen Sie die Pflanze dann ein paar Minuten lang stehen.

Graben Sie ein Loch, das so tief wie der Topf und doppelt so breit ist. So steckt die Pflanze genauso tief im Boden wie im Topf und ist von lockerer Erde umgeben, wodurch sich die Wurzeln besser ausbreiten können.

Nehmen Sie die Pflanze aus dem Topf. Falls sie feststeckt, klopfen Sie fest auf den Topf, um sie zu lockern. Zupfen Sie einige der Wurzeln aus dem Wurzelballen, besonders, wenn sie sich im Topf zusammengeringelt haben.

Setzen Sie die Pflanze in das Loch und füllen Sie es mit Erde auf. Drücken Sie die Erde sanft mit den Händen fest. Nicht zu fest, sonst drücken Sie die Luft aus der Erde oder verletzen die Wurzeln.

Wässern Sie die Erde um die Pflanze gründlich mit der Gießkanne. Das festigt die Erde um den Wurzelballen und regt das Wachstum neuer Wurzeln an.

Zwiebeln einpflanzen

In jeder Blumenzwiebel befindet sich ein winziger Spross mit einer Knospe, die von Speicherblättern umhüllt ist.

Es ist wichtig, dass Sie Ihre Zwiebeln noch vor dem Winter einsetzen. Die Kälte ist ein Schlüsselreiz, um das Wachstum anzuregen. Ich achte immer darauf, dass meine Zwiebeln bis zum Ende des Herbstes in der Erde sind.

Zwiebeln pflanzt man am besten in Gruppen aus mindestens sechs Stück. Das ist besser, als sie einzeln verstreut einzusetzen. Die meisten Zwiebeln pflanzt man in Abständen von 15 cm. Setzen Sie manche etwas näher aneinander oder weiter voneinander entfernt, damit die Blumen später nicht zu gleichmäßig angeordnet sind.

Graben Sie ein Loch, das doppelt so tief wie die Höhe der Zwiebel ist, und legen Sie die Zwiebel vorsichtig hinein. Die Spitze der Zwiebel soll nach oben zeigen, denn aus ihr treiben später der Spross und die Blätter. Füllen Sie das Loch dann wieder mit Erde und drücken Sie die Erde sanft fest. So vermeiden Sie Hohlräume, die sich mit Wasser füllen und Fäulnis verursachen könnten.

Purpur-Kugel-Lauch 'Purple Sensation'

Zwiebel des Honiglauchs

Tulpenzwiebel

Verteilen Sie die Zwiebeln auf der Erde, bevor Sie sie einpflanzen. Überlegen Sie sich, wohin jede Zwiebel gehört, und achten Sie auf die richtigen Pflanzabstände.

Graben Sie ein Loch, das doppelt so tief wie die Höhe der Zwiebel ist. Viele Zwiebeln haben Zugwurzeln, die sie später in der Erde auf die richtige Tiefe ziehen.

Legen Sie die Zwiebel in das Loch und füllen Sie es vorsichtig mit Erde auf.

Willkommen im neuen Garten

OBEN **Frühsommer**
Ein bunter, wilder Garten blüht auf robusteren Stängeln länger und gedeiht ohne Gießen: Agavenblättriger Mannstreu, Westlicher Sonnenhut, Katzenminze 'Walker's Low', Hain-Salbei 'Caradonna' und Hain-Salbei 'Viola Klose'.

RECHTS **Frühsommer**
Ein gutes Team: Sizilianischer Honiglauch, Sternkugel-Lauch, Storchschnabel 'Brookside' und violetter Salbei.

LINKS **Frühsommer** Ein Garten funktioniert am besten mit einer begrenzten Auswahl an Pflanzen: Hain-Salbei 'Amethyst' und Westlicher Sonnenhut.

RECHTS **Frühsommer** Im Frühling knöchelhoch, im Sommer groß und verzweigt: Mazedonische Witwenblume und Russel-Brandkraut.

LINKS **Frühsommer** Formenvielfalt mit langer Blütezeit: Storchschnabel 'Brookside', Hain-Salbei 'Amethyst', Westlicher Sonnenhut und Federgras.

RECHTS **Frühsommer** Blasser Scheinsonnenhut, Patagonisches Eisenkraut und Hain-Salbei 'Caradonna'. Seite an Seite gesetzt stützen sich Pflanzen gegenseitig. Schlanke, aber kräftige Stängel benötigen keine Stützstäbe.

UNTEN **Hochsommer**
Pflanzen mit starken Formen bilden die Struktur des Gartens: Katzenminze 'Walker's Low', Salbei 'Amistad', Hain-Salbei 'Caradonna', Hain-Salbei 'Viola Klose' und Blasser Scheinsonnenhut.

UNTEN **Frühherbst**
In einem Garten, der sich selbst erhält, hat jede Pflanze einen geeigneten Platz und passende Nachbarn: Chinaschilf und Patagonisches Eisenkraut.

Lebendige Tierwelt

Eine Vielzahl an Insektenarten verwandelt Ihren wilden Garten in ein wertvolles Stück Natur.

Summende Bienen, blitzschnelle Schwebfliegen und Schwärme von Marienkäfern, Florfliegen und Schmetterlingen besuchen Ihre Blumen und naschen aus den Blüten. Es macht Spaß, eine Hummel beim Nektarsaugen und Pollensammeln zu beobachten oder zuzusehen, wie sich eine kleine Solitärbiene auf der Suche nach Futter in eine enge Salbeiblüte zwängt.

Pflanzen und Insekten haben sich im Laufe von Millionen von Jahren zusammen entwickelt. Pflanzen bieten Nahrung, Unterschlupf sowie Nist- und Paarungsplätze. Dafür verteilen die Insekten ihre Pollen und ermöglichen es den Pflanzen, sich auszubreiten und zu vermehren. Der durchschnittliche Stadtgarten wird von rund hundert verschiedenen Insekten besucht. Aber Sie können noch viele mehr erwarten, wenn Sie Ihre Beete vergrößern, Ihre Pflanzen effektiv in Gruppen kombinieren, sie ineinander wachsen lassen und die abgeblühten Stauden im Winter nicht abschneiden. In einem Garten, in dem sich viele Bestäuber tummeln, leben außerdem noch viele andere Tiere: Würmer lockern für Sie die Erde. Amseln reduzieren die Schneckenpopulation. Marienkäfer und Florfliegen vertilgen Blattläuse. Je stärker Sie die flatternden, fressenden, zwitschernden und summenden Bewohner Ihres Gartens fördern, desto besser gedeihen Ihre Pflanzen.

Der Agavenblättrige Mannstreu lockt im Sommer Bestäuber an. In der kalten Jahreszeit dienen die robusten Fruchtstände als Gerüst für Spinnennetze.

Blumen für Bestäuber

Um möglichst viele verschiedene Insekten in Ihren Garten zu locken, sollten Sie Blumen in bestimmten Farben und Formen wählen und diese in Mustern pflanzen. Blumen sind das Herzstück eines Naturgartens. Sie bereiten Tieren und Menschen gleichermaßen Freude.

FORMEN

Tellerblüten, Lippenblüten und große, bunte Kelche mit filigranen Staubgefäßen – man könnte fast glauben, dass sich die Blumen nur für uns so hübsch präsentieren. In Wirklichkeit sollen sie aber Insekten in den verschiedensten Formen und Größen anlocken und aufnehmen. Die großen, glockigen Blüten des Honiglauchs bieten genügend Platz für eine dicke Hummel, aber nur der lange, dünne Saugrüssel eines Schmetterlings gelangt an den Nektar einer schmalen Eisenkrautblüte. Die Mundwerkzeuge der Schwebfliegen sind wiederum perfekt für die kleinen, dichten Blüten einer Schafgarbe oder Fetthenne, aber nur eine kräftige,

Die enge Krone des Salbeis 'Amistad'.

Große Sterndolde 'Large White'

summende Biene kann die Staubgefäße einer Tulpe so stark schütteln, dass sich die Pollen lösen. Die Zungenblüten der Sonnenbraut bieten Florfliegen eine Landeplattform, der Salbei streckt sich schwebenden Insekten entgegen, und das Brandkraut öffnet sich nur schwereren Bestäubern. Die verschiedenen Blüten machen den Garten also nicht nur für uns Menschen, sondern auch für die Insekten attraktiv.

MENGE

Für die Tiere ist ein kleiner, mit Blumen vollgepackter Garten ein echter Glücksgriff. Stellen Sie eine Blume bereit und eine Biene wird sie finden. Das können Sie an jedem Verkaufsstand für Blumen beobachten, selbst mitten in der Stadt. Wenn Sie in Ihrem Garten mehrere gleiche Pflanzengruppen setzen, entstehen größere Farbflecke, die von Insekten gut gesehen werden. Bereiche aus mehreren gleichen Blumen sind für die Bestäuber ein Zeichen, dass es hier reichlich Nahrung gibt. Das Fliegen von Blume zu Blume kostet viel Energie, darum ist ein Meer aus Blumen bei Insekten so beliebt – im Gegensatz zu einem kahlen Randbeet, in dem es nur nackte Erde und eine Handvoll darin verteilte Einzelpflanzen gibt.

Der „bienenblaue" Hain-Salbei 'Viola Klose'.

Kandelaber-Ehrenpreis 'Album'

Westlicher Sonnenhut

NEKTAR UND POLLEN

Manche Neuzüchtungen von klassischen Gartenblumen haben für die Tiere wenig Nutzen. Sie wurden für den Menschen gezüchtet und sind oft steril oder bieten kaum Pollen oder Nektar. Pollen dienen jungen Bienen als Proteinquelle. Schmetterlinge, Bienen und Schwebfliegen ernähren sich vom süßen Nektar. Eine sterile Blüte hat jedoch weder Pollen noch Nektar. Die einfachen Formen und die Natürlichkeit Ihrer wilden Blumen wird Insekten aber satt und glücklich machen. Ungefüllte Einzelblüten – mit nur einer Reihe Blütenblätter – sind für Insekten leichter zugänglich. Bei den meisten gefüllten Blüten wurden die Nektardrüsen an der Basis jedes Kronblatts durch weitere Blätter ersetzt, wodurch es für Insekten weniger Nahrung gibt.

DICHTE BLÜTEN

Dolden, Kerzen, Rispen und viele tupfenförmige Blumen bestehen aus vielen kleinen Blüten, die dicht nebeneinander stehen. Oft öffnen sie sich auf der Pflanze nacheinander. Ein Ehrenpreis blüht von unten nach oben, während sich die Blüten von Scheinsonnenhut und Sonnenhut in konzentrischen Kreisen öffnen. So können Bestäuber eine Blume an mehreren Tagen aufsuchen.

BLÜTEZEIT

Katzenminze und Eisenkraut blühen durchgehend 20 Wochen lang; Witwenblume, Oregano, Ehrenpreis und Ziest blühen über 10 Wochen lang. Die büscheligen Blüten der Silberkerze öffnen sich im Spätsommer für 8 Wochen und die Sonnenbraut blüht

Ruthenische Kugeldistel

12 Wochen lang. In einem kleinen Garten sind Pflanzen mit langer Blütezeit besonders wichtig. Viele Stauden blühen sehr lange.

Die meisten Gärten sind für Bestäuber nur im Hochsommer 1 oder 2 Monate lang nützlich. Aber ein bunter, wilder Garten blüht 200 Tage lang und hat fast zu jeder Jahreszeit etwas zu bieten. Eine Hummelkönigin wählt immer einen Nistplatz, der maximal 400 Meter von einer Nektar- und Pollenquelle entfernt liegt. Diese Quelle muss die Hummelkolonie ihre gesamte Lebensdauer über – also 7 Monate lang – verlässlich versorgen können. Von der ersten Tulpe über Witwenblumen, Kugeldisteln und Anemonen bis zur letzten Dahlie: Eine Mischung aus gut kombinierten Pflanzen macht Ihren Garten zu einer guten Wahl.

NUTZEN IM WINTER

Pflanzen mit kräftigen Stängeln und markanten Blütenstandsformen tragen ihre Fruchtstände auch in der kalten Jahreszeit, bis im Frühling wieder neuer Wuchs entsteht. Der hohle Stängel von Mathiasella oder Mannstreu ist ein warmer, trockener Unterschlupf für einen Käfer oder eine überwinternde Solitärbiene. Marienkäfer nisten meist in den Fruchtständen von Sterndolden, während das Pflanzenskelett des Fenchels einer Spinne viel Platz für ihr Netz bietet. An den kältesten Tagen, wenn die Nahrung knapp ist, picken Finken, Meisen und Sperlinge die verbleibenden Samen der verblühten Pflanzen.

Die Tiere des Gartens

Es ist interessant zu wissen, welche Tiere Ihren Garten besuchen. Wenn Sie eine Schwebfliege oder einen Schmetterling auf einem Blatt oder einer Blüte bestimmen können, tun sich ganz neue Welten auf. Sie erkennen Ihre Besucher und beobachten, wie Tiere und Pflanzen voneinander profitieren. Das verbindet Sie noch stärker mit Ihrem Garten. Und wenn Sie die natürlichen Abläufe verstehen, wird Ihnen die Pflege Ihres Gartens noch leichter fallen.

BIENEN

Bei Bienen denkt man an Bienenstöcke und Honigbienen, aber in Deutschland gibt es über 560 Arten von Wildbienen, die meisten davon Solitärbienen. Es gibt auch rund 40 Hummelarten (die auch zu den Bienen gehören), aber nur eine einzige Art der Honigbiene.

HUMMELN

Hummeln sind dick und pelzig, meist gelb und schwarz gestreift und mit einem weißen Hinterleib. Wenn Sie bei Schlechtwetter eine Biene sehen, ist es wahrscheinlich eine Hummel. Ihr Pelz hält sie auch an kalten Tagen warm, wenn Solitär- und Honigbienen nicht ausfliegen. Oft sieht man „staubige" Hummeln, die mit Pollen bedeckt sind: Wenn sie in die Blüte krabbeln und die Pollen an ihren Hinterbeinen sammeln, streifen die Staubbeutel der Blume über ihren Pelz.

Eine Hummelkolonie besteht aus vielen kleineren Hummeln – Arbeiterinnen und Drohnen – und einer Königin. Im Frühling, nach der Winterruhe, sieht man oft eine Königin, die an einer Blüte ihren ersten Schluck Nektar saugt. Ab Frühsommer schwärmen kleinere Arbeiterinnen aus und sind bis Herbst immer wieder unterwegs.

Am häufigsten werden Sie wohl die Ackerhummel, die Dunkle Erdhummel und die Steinhummel sehen.

Ackerhummel *Bombus pascuorum*

Ackerhummeln gehören zu den fleißigsten Hummeln. Sie sind kleine, schwarz-orange gestreifte Bienen. Von Anfang Frühling bis Spätherbst umfliegen sie gerne röhrenförmige Blüten wie jene von Salbei, Ziest und Katzenminze. Mit ihren langen Rüsseln holen sie den Nektar aus tiefen Lippenblüten, in die kurzrüsselige Bienen kaum hineingelangen. Wenn Sie im Spätsommer eine kleine, etwas zerzaust wirkende Hummel sehen, ist es wahrscheinlich eine Ackerhummel: Wenn sie in enge Blüten hinein- und hinauskriechen, scheuern sie ihren Pelz mit der Zeit etwas ab.

Dunkle Erdhummel *Bombus terrestris*

Die Königinnen der Dunklen Erdhummel sind von Ende Winter bis Mitte Herbst unterwegs, ab Anfang Sommer auch die Arbeiterinnen. Letztere sind schwarz und gelb, nur die Königin hat ein cremefarbenes Hinterteil. Aufgrund ihrer kurzen Rüssel bevorzugen die Arbeiterinnen einfache, offene Blüten, wie jene von Witwenblumen, Skabiosen, Scheinsonnenhüten, Sonnenbräuten und ungefüllten Dahlien. Bei tieferen Blüten „rauben" die Hummeln den Nektar, indem sie oberhalb des Stängels ein Loch in die Blüte knabbern.

Steinhummel *Bombus lapidarius*

Die Königinnen und Arbeiterinnen der Steinhummeln sind leicht zu erkennen: schwarz mit rostrotem Hinterleib. Die Steinhummelkönigin ist groß und taucht im Frühling erst 3–4 Wochen nach den anderen Hummelköniginnen auf. Steinhummeln sieht man bis Herbst auf Pflanzen wie Lauch, Artischocken, Kugeldisteln, Mannstreu und anderen zugänglichen Blumen.

SOLITÄRBIENEN

Die meisten Bienen in Deutschland sind Solitärbienen. Sie fliegen schnell und sind ab Frühlingsbeginn unterwegs auf der Suche nach einem Nistplatz und nach Pollen und Nektar. Die Weibchen bauen Brutzellen in hohlen Stängeln und legen in jede einen Pollenvorrat und ein Ei. Wenn die Larven schlüpfen, liegt also gleich Nahrung bereit. Es gibt über 100 verschiedene Solitärbienen. Am häufigsten sind die Rote Mauerbiene, die Blattschneiderbienen, die Große Wollbiene und die Gemeine Pelzbiene.

Rote Mauerbiene *Osmia bicornis*

Mauerbienen sind besonders gute Bestäuber, angeblich hundertmal effizienter als Honigbienen. Sie sind rötlich braun und pelzig. Die Weibchen haben schwarze Gesichter und kleine Hörner auf dem Kopf. Rote Mauerbienen sind ab Anfang des Frühlings unterwegs und besuchen viele verschiedene Blumen. Man begegnet ihnen relativ oft zwischen Frühlingsbeginn und Frühsommer.

Blattschneiderbienen *Megachile*

Diese schwarz-orangenfarbenen Bienen sind eher klein. Sie haben breite, schwarze Köpfe und große Kiefer, mit denen sie saubere Kreise aus Blättern und Stängeln beißen. Mit dem gesammelten Pflanzenmaterial bauen und verschließen sie dann ihre Nester. Man sieht sie von Früh- bis Spätsommer, wenn sie auf vielen verschiedenen Blumen Pollen und Nektar sammeln.

Große Wollbiene *Anthidium manicatum*

Diese Bienen erhielten ihren Namen, weil sie weiche, filzige Pflanzen mögen, etwa Ziest, Blauraute, Salbei, Schafgarbe und Katzenminze. Sie zupfen die feinen Härchen von den Blättern und tapezieren damit ihre Nester. Die gesammelten Härchen tragen sie zu einem Ball geformt an der Unterseite ihres Bauches ins Nest. Wollbienen kriechen in röhrenförmige Blüten und sammeln Pollen und Nektar. Sie sind groß und haben einen gelb-schwarzen Pelz. Man begegnet ihnen von Frühlingsbeginn bis Spätsommer.

Gemeine Pelzbiene *Anthophora plumipes*

Diese große Bienenart fliegt rasch von Blume zu Blume. Die Weibchen haben schwarze Körper und orangerote Härchen auf den Hinterbeinen. Die Männchen sind braun mit einer cremefarbenen Zeichnung im Gesicht und einem dunklen Hinterleib. Beim Anflug auf eine Blume ragt in freudiger Erwartung oft schon ihr langer Saugrüssel aus dem Mund. Die Pelzbienen gehören zu den ersten Bienen im Jahr. Vereinzelt kann man sie schon gegen Ende des Winters entdecken. Sie sind bis Frühsommer unterwegs .

EUROPÄISCHE HONIGBIENE *Apis mellifera*

Das sind die typischen Bienen, die in einem Bienenstock leben und Honig produzieren. Honigbienen sind orange-schwarz gestreift und eher klein. Auf nur einem Sammelflug besuchen sie 50–100 verschiedene Blüten. Zwischendurch tanken sie Nektar. Sie haben kurze Rüssel und besuchen einfache, offene Blüten, wie jene der Scheinsonnenhüte, Sonnenhüte und Anemonen, aber auch viele andere. Man begegnet ihnen von Mitte Frühling bis Frühherbst.

MARIENKÄFER

In Ihrem Garten werden Sie am ehesten den rot-schwarzen Siebenpunkt-Marienkäfer, den Zweipunkt-Marienkäfer und den Asiatischen Marienkäfer sehen. Letzterer hat viel mehr Punkte als die heimischen Käfer und ist eine lästige Plage, der die anderen Käfer verdrängt.

Marienkäfer gehören zu den nützlichsten Insekten im bunten, wilden Garten. Im Laufe ihres Lebens vertilgen sie über 5000 Blattläuse. Man sieht sie von März bis November auf Blumenstängeln, rund um Blütenknospen und unter den Blütenblättern frisch aufgeblühter Blumen – also überall, wo es auch Blattläuse gibt. Die meisten Marienkäfer sind rot und haben schwarze Punkte, aber es gibt auch gelbe, braune oder orangefarbene Käfer, manche mit weißen Punkten. Die Larven sind von vorwiegend dunkler Farbe, haben aber auch Punkte in verschiedenen Farbtönen.

SCHWEBFLIEGEN

Wie ihr Name schon sagt, schweben diese Fliegen oft über den Blüten als hingen sie in der Luft. Sie verharren einige Sekunden in dieser Position, bevor sie wieder abschwirren. Daher werden sie auch Stehfliegen oder Schwirrfliegen genannt. Sie sind schwarz-gelb gestreift, wie eine Biene, fliegen jedoch viel schneller. Dank ihrer langen Saugrüssel oder Zungen gelangen sie an den Nektar vieler verschiedener Blüten, bevorzugen aber Korbblütler mit dichten Blütenständen. Schwebfliegen sind von Ende Frühling bis Mitte Herbst unterwegs.

GEMEINE FLORFLIEGE

Chrysoperla carnea

Von Ende Frühling bis Spätsommer gleiten diese schmalen Insekten durch die Lüfte. Sie haben goldene Augen, lange Fühler und durchsichtige Flügel. Meist tauchen sie mit der Abenddämmerung auf. Beim Landen falten sie ihre Flügel nach hinten, aber im Flug schillern sie perlmuttartig. Man findet Florfliegen in der Nähe von Knospen, Blüten und jungen Blättern – auf der Futtersuche nach Blattläusen.

Blasser Scheinsonnenhut

SCHMETTERLINGE

An hellen, windstillen, sonnigen Tagen sind viele Schmetterlinge unterwegs. Bei Wind sieht man sie selten. Schmetterlinge ernähren sich von Nektar und haben lange Saugrüssel, die sie tief in röhrenförmige Blüten stecken. Sie mögen auch Korb- und Doldenblütler wie Astern, Mannstreu und Kugeldisteln. Sie sammeln zwar keine Pollen, übertragen sie aber mit ihren Beinen, wenn sie auf den Blüten sitzen und Nektar saugen. An bewölkten Tagen sieht man manchmal einen Schmetterling mit ausgebreiteten Flügeln dasitzen – er wärmt sich vor dem Flug auf. Die bunt gemusterten Flügel bestehen aus Schuppen, die das Licht unterschiedlich reflektieren. Im Alter fallen diese Schuppen ab und es bleiben transparente Flecken zurück.

Distelfalter *Vanessa cardui*

Der Distelfalter ist der häufigste Schmetterling der Welt. Er hat bräunlich orangefarbene Flügel mit dunkelbraunen und weißen Flecken. Im Spätsommer erscheint er in großer Zahl. Bis in den Herbst besuchen Distelfalter gern Blumen wie Mannstreu, Fetthennen, Kugeldisteln, Katzenminze, Eisenkraut und Astern.

Admiral *Vanessa atalanta*

Der Admiral gehört zu den ersten Schmetterlingen im Jahr. Der schnelle Flieger hat schwarze Flügel mit roten Bändern und weißen Flecken. Man kann diese Art manchmal schon Ende Frühling sehen, aber erst ab Hochsommer in größerer Zahl. Bis Ende Herbst besucht der Admiral dichte Blüten wie jene von Katzenminze, Eisenkraut, Kugeldistel, Mannstreu, Fetthenne und Aster.

Tagpfauenauge *Aglais io* (Syn.: *Inachis io*)

Das Tagpfauenauge erkennt man sehr leicht an seinen vier bunten Augenflecken, die an Pfauenfedern erinnern. Der Rest der Flügel ist dunkelbraun. Bei geschlossenen Flügeln erkennt man das Tagpfauenauge nicht so leicht. Diesen großen Schmetterling sieht man an sonnigen Tagen, sogar im Winter, aber am häufigsten von Anfang bis Ende Frühling und von Hochsommer bis Anfang Herbst. Er mag das Patagonische Eisenkraut, Kugeldisteln, Fetthennen und Astern.

Kleiner Fuchs *Aglais urticae*

Dieser Schmetterling ist leuchtend orange mit schwarzen Flecken. Er fliegt schnell und taucht ab Mitte Frühling aus dem Winterschlaf auf, sobald das Wetter wärmer wird. Oft findet man ihn in Stadtgärten, wo er bis Ende Herbst aus den Blüten von Fetthennen, Astern, Duftnesseln und Dahlien nascht oder einfach die Sonne genießt.

Taubenschwänzchen
Macroglossum stellatarum

Die meisten Nachtfalter sind, wie ihr Name schon sagt, in der Nacht unterwegs. Nur einige wenige fliegen auch tagsüber, darunter das Taubenschwänzchen. Dieser schöne Falter hat einen großen, samtigen, grau-orangefarbenen Körper in Stromlinienform und blassgraue Flügel. Er schlägt extrem schnell mit seinen Flügeln, sodass es oft so aussieht, als schwebte er bewegungslos über einer Blüte, während er den Nektar saugt. Weil das Taubenschwänzchen so groß und ungewöhnlich aussieht, freut man sich immer, wenn es im Garten auftaucht. Man kann ihm von Anfang Sommer bis Mitte Herbst begegnen, vor allem im Spätsommer.

VÖGEL

Gartenvögel können nicht nur schön singen, sie sind auch der Feind vieler Schädlinge.

Rotkehlchen

Amseln

Männliche Amseln sind schwarz und haben einen gelben Schnabel. Die Weibchen sind braun. Amseln gehören zu den größten Gartenvögeln und sind das ganze Jahr zu sehen. Oft hüpfen sie quer durch den Garten, den Kopf zur Seite geneigt, und lauschen und halten Ausschau nach Würmern. Oder sie drehen Blätter um und suchen darunter nach Insekten. Da sie Schnecken vertilgen, sind Sie gern gesehene Gäste. Die leeren Schneckenhäuser lassen sie liegen.

Blaumeisen

Die Blaumeise ist klein, hat eine gelbe Brust, blassblaue Flügel und Schwanzfedern und einen grünlichen Rücken. Blaumeisen sehen bunt und freundlich aus und sind sehr nützlich, da sie Blattläuse fressen. Darüber hinaus ernähren sie sich von Nüssen, Samen und Nektar. Sie stecken ihren Schnabel in eine Blüte und gelangen so an den Zucker – manchmal picken sie dazu auch die ganze Blüte ab. Sie kommen ganzjährig vor.

Sperlinge

Das Zwitschern des Sperlings hört man oft schon, bevor man ihn sieht. Meist tauchen auch gleich mehrere der geselligen Vögel auf. Diese kleinen braun-grauen Vögel sind ab Anfang Frühling zu beobachten, wenn sie Kleintiere sammeln und als Futter für ihre Jungvögel in ihr Nest bringen. Im Winter suchen sie in den Fruchtständen von Kugeldisteln, Kratzdisteln und Chinaschilf nach Futter.

Finken

Stieglitze, Grünfinken und Buchfinken sind häufige Gartenvögel. Stieglitze erkennt man leicht an ihrem roten Gesicht, dem sandfarbenen Gefieder und der goldgelben Binde auf jedem Flügel. Sie fliegen in einer Wellenform, auf und ab. Im Frühling und im Sommer fressen Finken Blattläuse, im Winter naschen sie aus Fruchtständen.

Rotkehlchen

Das Rotkehlchen mit seiner leuchtend roten Brust ist wahrscheinlich der bekannteste Vogel. Die Jungvögel im Frühling sind braun. Rotkehlchen sind zutraulich und gesellig. Wenn eines Ihren Garten besucht, wird es sich schnell bemerkbar machen. Rotkehlchen kommen ganzjährig vor.

Zaunkönige

Der Zaunkönig ist ein kleiner, runder Vogel mit einem langen, scharfen Schnabel und einem hochstehenden Schwanz. Er jagt Blattläuse blitzschnell und kommt ganzjährig vor.

VERSTECKTE NÜTZLINGE

Außer Bienen, Vögeln, Schmetterlingen und Marienkäfer beherbergt Ihr Garten noch unzählige andere Tiere. Diese versteckten Nützlinge leben in der Erde und helfen dabei, dass Ihre Pflanzen gedeihen. Was unter der Erde geschieht, ist genauso wichtig wie das Leben über der Erde.

Regenwürmer lockern den Boden auf, indem sie abgefallene Blätter unter die Erdoberfläche ziehen. Das verbessert die Erde, reichert sie mit organischer Substanz an und macht sie krümelig. Lockere Böden speichern Wasser um die Wurzeln, sind im Winter oder nach Regen aber nicht zu vollgesogen. Auf schweren, wassergesättigten Böden wachsen Pflanzen nicht gut. Durch zu viel Wasser können sie sterben. Erde, die von Würmern gelockert wurde, enthält eine Mischung aus Mineralien, organischer Substanz, Wasser und Luft. Sie ist optimal für das Wurzelwachstum.

Pilze, Bakterien und andere Mikroorganismen verwandeln die von den Würmern beschafften Blätter in Nährstoffe für Pflanzen. In einem gesunden Boden zersetzen tausende Mikroorganismen tote Pflanzenreste und erzeugen Stickstoff, Phosphor, Kalium und Spurenelemente. Zusammen mit Sonne und Regen bieten diese unsichtbaren Arbeiter den Stauden alles, was sie zum Gedeihen brauchen. Mikroorganismen sind ein wesentlicher Bestandteil des Ökosystems Ihres Gartens.

Regenwürmer sind wichtig für einen gesunden Boden.

Der Garten als Ökosystem

„Wenn man etwas isoliert betrachten will, merkt man, dass es mit allem im Universum verknüpft ist."

JOHN MUIR, NATURFORSCHER

Während man sich über viele Nützlinge im Garten freut, sind andere Tiere weniger willkommen. Eine Horde von Blattläusen auf einer Knospe oder eine Schneckenplage auf Blättern und Keimlingen kann ein herber Rückschlag sein. Wenn Sie Ihren Pflanzen jedoch die bestmögliche Grundlage bieten – und zwar ausreichend Wasser nach dem Einpflanzen sowie passende Nachbarpflanzen –, können Sie Schädlinge abwehren, bevor diese ernsten Schaden anrichten.

Außerdem ist jeder Schädling eines anderen Tieres Nahrung. Alle Tiere in Ihrem Garten sind ein Teil seines Ökosystems, selbst jene, die wir als Schädlinge bezeichnen. Gibt es Blattläuse im Garten, kommen auch Marienkäfer. Auch für junge Flor- und Schwebfliegen sind Blattläuse ein nahrhafter Leckerbissen. Kleine Vögel wie Spatzen, Rotkehlchen und Zaunkönige sammeln Blattläuse für ihre Jungen. Meisen fressen Raupen. Drosseln ernähren sich von Schnecken, deren Gehäuse sie am Boden zerschmettern, bevor sie sich am Inhalt gütlich tun. Auch Schnecken – sogar Nacktschnecken – sind nützlich: Sie zersetzen Bodensubstanz und sind eine nahrhafte Mahlzeit für Vögel und nützliche Laufkäfer.

Selbst Tiere, die wir für Schädlinge halten, sind ein Bestandteil des Ökosystems.

Wenn Sie Ungeziefer auf Ihren Pflanzen entdecken, sollten Sie erst einmal gar nichts tun. Der Griff zum Insektenspray oder zu einer Handvoll Schneckenkorn scheint zwar die erste Wahl zu sein, führt aber langfristig nur zu mehr Arbeit. Wenn Sie Ihren Garten stattdessen sich selbst überlassen, wird er mit der Zeit sein ökologisches Gleichgewicht von allein wahren: Sobald sich Blattläuse vermehren, tauchen mehr Marienkäfer auf, und bei einer plötzlichen Schneckenplage können Sie mit mehr Amseln und Drosseln

rechnen. Wenn Sie Schnecken, Raupen oder Läuse mit der Chemiekeule vernichten, stören Sie dieses Gleichgewicht, was es zukünftigen Schädlingen einfacher macht. Überlassen Sie dieses Problem lieber dem Ökosystem.

Chemikalien, die Sie auf eine Blüte sprühen, verteilen sich auf der ganzen Pflanze, auch auf Pollen und Nektar, und sickern dann in den Boden. Das Gift im Schneckenkorn bleibt in den Schnecken und wird so auf die Vögel übertragen. Lassen Sie also lieber die Natur arbeiten, während Sie im Garten entspannen.

DAS GROSSE GANZE

Ein Garten voller Insekten ist der perfekte Ort für Ihre Blumen und führt zu gesünderen, schöneren Blüten, die ohne besonderen Aufwand gedeihen. Und von einem Garten voller Blumen profitiert die gesamte Natur.

Grünstreifen, Parks und ungenutzte Flecken Erde mit verwildernden Pflanzen bilden zusammen mit naturnahen Gärten ein blütengefülltes, grünes Pflanzenreich für Bestäuber. Ein Garten voller Bienen und Blumen ist schön, wenn Sie Bienen und Blumen mögen, aber er ist auch wichtig, wenn Sie zum Beispiel Birnen, Salat, Marmelade oder Kohl mögen. Die Arbeit der Bestäuber trägt zu unseren liebsten Nahrungsmitteln und vielem mehr bei. Wir sollten sie also mit allen Mitteln fördern.

Selbst kleine Gärten und Grünflächen wirken sich nennenswert auf die Anzahl der Bestäuber aus. Darum ist auch Ihr Garten ein wichtiger Teil der Natur.

Die folgende Übersicht fasst zusammen, warum ein bunter, wilder Garten ein Paradies für Bienen, Käfer und Vögel ist:

- Er ist voller Blüten. Mehr Blüten locken noch mehr Tiere an.

Dreiteiliger Mannstreu, Katzenminze 'Walker's Low' und Hain-Salbei 'Caradonna'.

- Die unterschiedlichen Blütenformen und -größen locken viele verschiedene Arten von Bestäubern an.
- Pollen und Nektar gibt es auch außerhalb der warmen Jahreszeit.
- Dolden, Ähren, Köpfchen, Rispen und Korbblüten bestehen aus vielen winzigen Einzelblüten. Sie bieten reichlich Nahrung.
- Gruppen aus 3–5 Pflanzen einer Art bilden größere Farbbereiche, die aus der Luft gut sichtbar sind.
- Es gibt auch blaue Blüten, die für Bienen besonders gut zu erkennen sind.
- Der Garten bleibt auch ohne Insektizide und Unkrautvernichtungsmittel gesund.
- Er ist eine sichere Grünfläche, die Tieren in der Stadt einen Rastplatz auf dem Weg in andere Gefilde bietet.
- Kräftige, hohle Blumenstängel, die den Winter überdauern, bieten überwinternden Tieren einen Unterschlupf.
- Langlebige Fruchtstände mit Samen sind im Winter eine Nahrungsquelle für Vögel.

Ihr Garten ist ständig im Wandel. Jeden Tag gibt es etwas Neues zu sehen.

Gartenpflege

Zu den Freuden des Gärtners gehört es, das Wachstum der Pflanzen zu sehen. Keimlinge sprießen aus der Erde, Stängel streben in die Höhe und Blüten öffnen sich in prächtigen Farben. Ein Garten ist wirklich ein wundervoller Ort!

Das harmonische Gefüge aus Pflanzen, aus dem ein bunter, wilder Garten besteht, ist schnell angelegt und die Grundlage für ein ganzjähriges Paradies. Hier ist alles im Wandel und Sie können den Wechsel der Jahreszeiten direkt vor Ihrer Haustür beobachten.

In einem klassischen Garten werden die Jahreszeiten oft als Problem angesehen. Gärten, die wenig Arbeit versprechen, verändern sich meist nicht groß. Üblicherweise enthalten sie immergrüne Sträucher, die langsam wachsen und unscheinbar aussehen. Sie werden zwar jedes Jahr etwas größer, aber ansonsten gibt es nicht viel Neues zu sehen. Mit der Zeit fallen sie uns gar nicht mehr auf. Selbst wenn man in so einem Garten viele bunte Blumen setzt, ist nach Frühling und Sommer nicht mehr viel los. Das kalte, feuchte Wetter bremst das Wachstum, Wind und Regen knicken die Stängel um, durchnässte Blüten fallen in sich zusammen und Pflanzen flüchten sich in die Winterruhe und kommen erst im Frühling wieder aus der Erde. Die meisten klassischen Gärten haben im Winter nicht viel zu bieten.

Ein naturnaher Garten ist jedoch an jedem Tag des Jahres interessant. Es ist, als hätte man viele verschiedene Gärten an verschiedenen Tagen. Ständig verändert sich etwas. Wenn Sie sehen, wie sich Ihr Garten mit jedem Tag entwickelt, werden Sie eine ganz neue Verbindung zur Natur spüren. Selbst mitten in der Stadt folgt alles einem natürlichen Rhythmus.

Zuerst kommt die Aufregung, wenn sich die Knospen öffnen, dann der Zauber des Sommers und dann der Moment, wenn Sie nach zwei Wochen Urlaub nach Hause kommen und staunen, wie hoch alle Pflanzen gewachsen sind. Dann wird es kälter, aber die Dolden, Ähren und Rispen behalten ihre hübschen Formen. Selbst nach der Blüte schmücken solche Pflanzen Ihren Garten mit Kugeln, Spitzen, Sternen und Quirlen. Sie wachsen in krümeliger Erde und haben robuste Fruchtstände auf kräftigen Stängeln, die jedem Wetter trotzen. Selbst in den kältesten Monaten bleiben die markanten Formen dieser Blumen bestehen.

Weniger Aufwand, weniger Arbeit

Für Ihren Garten gilt: Weniger ist mehr. Pflanzen mit kräftigen Stängeln müssen nicht mit Stäben gestützt werden, sie stützen sich gegenseitig. Um Schnecken und Blattläuse kümmern sich Vögel und Marienkäfer. Ein harmonischer Mix aus Pflanzen bildet sein eigenes Ökosystem, in dem alles seinen Platz hat. Die Blumen entwickeln sich miteinander und verdrängen Unkraut. Wählt man die richtigen Pflanzen, erhält sich der Garten selbst. Hier müssen Sie sich gar nicht einmischen.

Auch wenn Ihr Garten in einem Jahr „fertig“ ist, wird er sich danach natürlich weiterentwickeln. Jeden Frühling können Sie alles entfernen, was nicht mehr schön oder nützlich ist und wieder ganz neu anfangen. Wenn zu Beginn des Jahres die ersten Sämlinge sprießen, ist es Zeit für einen Frühjahrsputz. Diese einfache Aufgabe können Sie alle zwölf Monate genau so wiederholen. Alte Stängel und Fruchtstände werden zurückgeschnitten, sodass Platz für neuen Wuchs entsteht.

DER JAHRESZYKLUS IHRES GARTENS

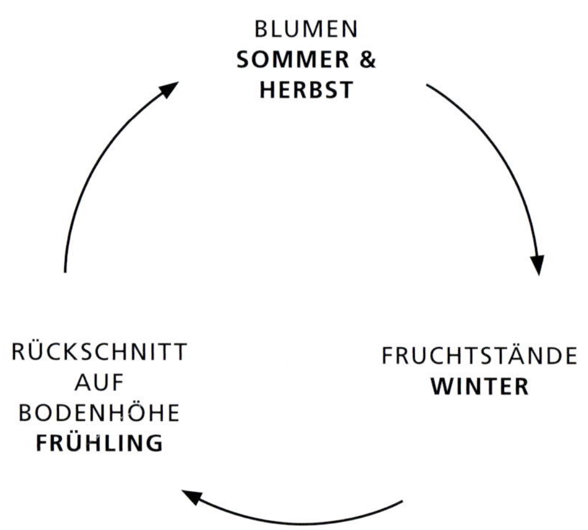

Patagonisches Eisenkraut: Stutzen Sie im Frühling welke Blumen, damit neue Triebe wachsen können.

Frühjahrsputz

Wenn es zu Frühlingsbeginn langsam wärmer wird und sich auch der Boden zu erwärmen beginnt, bereiten sich Stauden auf die Vegetationsperiode vor. Nach der Winterruhe sprießen aus dem Wurzelstock neue Triebe. Sie wachsen zu Blumen heran, während die Tage immer heller werden. Achten Sie jeden Frühling auf die kleinen, saftig grünen Blätter an der Basis der bereits bestehenden Pflanzen. In einem bunten, wilden Garten werden die Pflanzen mit jedem Jahr größer. An den Wurzelhälsen erscheint frischer Wuchs.

Sobald diese neuen Triebe 5–10 cm hoch sind, können Sie mit der Gartenschere die Stängel vom Vorjahr abschneiden. Schneiden Sie etwa 15 cm über den neuen Trieben, sodass ein Stück der braunen Stängel stehenbleibt. Schneiden Sie dicke Stängel, etwa von Fetthenne und Mannstreu, einzeln. Halten Sie mit einer Hand den welken Blütenstand und schneiden Sie ihn sauber ab. Dünnere Stiele, wie von Oregano, Salbei und Katzenminze, können büschelweise gestutzt werden. Gräser wie Federgras und Rasen-Schmiele werden

Fetthenne 'Matrona': Schneiden Sie die holzigen Stängel mit der Gartenschere sauber ab.

Oregano 'Rosenkuppel': Pflanzen mit dürren Stielen, zum Beispiel Oregano, können mit der Hand gebündelt und büschelweise abgeschnitten werden.

Oregano 'Rosenkuppel' zu Beginn des Frühlings.

zu kurzen Borsten von gleicher Höhe zurückgeschnitten. Die verbleibenden Reste der alten Stängel werden bald von neuem Wuchs bedeckt sein und schließlich abfallen. Es ist also nicht nötig, dass Sie sehr sorgfältig oder präzise schneiden.

Da alle Pflanzen in Ihrem Garten gemeinsam wachsen, können Sie im Frühling alle am selben Tag zurückschneiden. Sammeln Sie die abgeschnittenen Stängel dann ein und entsorgen Sie sie.

Katzenminze 'Walker's Low': Wenn an den Wurzelhälsen Ihrer Pflanzen neue Triebe aus dem Boden sprießen, ist es Zeit für den Rückschnitt.

Spanischer Mannstreu: Lassen Sie etwa 15 cm des alten Stängels stehen. Wenn die Pflanze bereit ist, wird er ganz von allein abfallen.

Erwünschte und unerwünschte Sämlinge

Stauden sind sehr langlebig. Sie wachsen jedes Jahr in die Höhe und müssen daher nicht viele Samen flächendeckend verteilen, um sich zu vermehren. Manche der Stauden leben allerdings nicht ganz so lange und säen sich darum an ihrem Standort aus, um verlässlich für ihren Fortbestand zu sorgen.

Besonders nützlich sind die Sämlinge von Pflanzen wie dem Patagonischen Eisenkraut, der Kartäuser-Nelke und dem Bleichen Scheinsonnenhut. Sie wachsen zu identischen Nachkommen der Mutterpflanzen heran, sind also sortenecht. Aus dem Sämling jedes Eisenkrauts entsteht eine Pflanze, deren lange dünne Stängel und kleinen violetten Blüten der Mutterpflanze gleichen. Und jede Kartäuser-Nelke hat die gleichen knallrosa Blüten.

Die Pflanzen von Samen, die dort keimen und wachsen, wo sie auf die Erde fallen, tauchen oft an unerwarteten Stellen auf und bringen Spontaneität in Ihren Garten.

In der Anfangszeit wird es in Ihrem Garten ein paar Bereiche mit nackter Erde geben, weil die Pflanzen keine geschlossene Decke gebildet haben. Neben den erwünschten sortenechten Sämlingen werden in dieser Zeit wohl auch einige Unkrautsämlinge keimen. Darum ist es gut zu wissen, wie man die nützlichen Sämlinge vom Unkraut unterscheidet.

Wo wachsen sie?

Die Schwerkraft sorgt dafür, dass die meisten Samen nicht weit von ihren Fruchtständen auf den Boden fallen. Mehrere Sämlinge, die rund um eine bestimmte Pflanze wachsen, sind daher meist von der nützlichen Sorte. Vereinzelt wachsende Sämlinge stammen hingegen eher aus einem Samen, der von draußen in den Garten gelangte, etwa durch den Wind (wie bei einem Löwenzahn) oder einen Vogel (via Füße, Federn oder Kot).

Wie sehen die Blätter aus?

Keimende Samen bilden schlichte Keimblätter, die der Pflanze Nährstoffe liefern und das Wachstum der echten Blätter ermöglichen. Die Keimblätter verschiedener Pflanzen sehen sich oft sehr ähnlich, aber die echten Blätter haben immer die gleiche Farbe und Form wie die Blätter der Mutterpflanze. Warten Sie daher mit der Bestimmung des Sämlings, bis die echten Blätter sprießen.

Wie schnell wachsen sie?

Ein Sämling, der schnell wächst und sich rascher als die anderen Pflanzen ausbreitet, ist leider fast immer ein Unkraut.

Das Patagonische Eisenkraut ist eine Staude. Da es aber nur 2–3 Jahre alt wird, sät es sich selbst aus und sorgt so für seine Nachkommen.

Tipps & Tricks

Es ist aufregend, wenn sich Ihr Garten nach Plan entwickelt. Manchmal klappt aber nicht alles so, wie man es gerne hätte. Zum Glück werden Sie Ihre Pflanzen mit der Zeit gut kennen und bei Problemen wissen, was zu tun ist. Meistens findet sich schnell eine Lösung.

Die Spitzen der Stiele und Blätter hängen herab

Wenn eine Pflanze nach dem Einsetzen etwas schlaff aussieht, mangelt es ihren Wurzeln fast immer an Wasser. Selbst bei starkem Regen können die Blätter einer Pflanze die Erde unter ihr von der Nässe abschirmen.

Stecken Sie neben der betreffenden Pflanze einen Finger ganz in die Erde – sie sollte sich kühl und feucht anfühlen. Wenn Sie den Finger wieder herausziehen, sollte etwas Erde daran kleben. Ist die Erde trocken, wässern Sie die Pflanze mit der Gießkanne. Gießen Sie das Wasser direkt auf die Erde, nicht auf die Blätter, und gießen Sie langsam, damit das Wasser im Boden versickern kann und nicht an der Oberfläche abfließt. Gründliches Wässern regt auch den Wurzelwuchs der Pflanze nach unten und zur Seite an, sodass sie ihr Wasser mit der Zeit tiefer im Boden suchen wird. Größere Wurzeln wiederum geben der Pflanze einen stabileren Halt.

Ein Stängel ist umgeknickt

Ihre Pflanzen halten sich von alleine aufrecht und stützen oft auch noch ihre Nachbarn. Sie wachsen auf krümeliger Erde und haben robuste Stängel, die wie ein Gerüst wirken. Nur in der Anfangszeit, wenn sich Ihr Garten erst entwickelt, kann gelegentlich ein Stängel umfallen. Meist hilft dann aber schon, den Stängel einfach wieder aufzurichten und an den anderen Pflanzen abzustützen.

Liegt ein Stängel 1 oder 2 Tage lang am Boden, besonders in der Zeit des raschen Wachstums im Sommer, wächst er oft krumm nach oben und sieht komisch aus, wenn man ihn wieder aufrichtet. Schneiden Sie ihn am besten unter dem Knick sauber ab. Nehmen Sie die Gartenschere und schneiden Sie etwa 1 cm über dem obersten Blätterpaar. Aus der Blattachsel werden Seitentriebe wachsen und später blühen.

Der Boden ist zu sehen

Am Anfang gibt es in jedem neuen Garten Lücken zwischen den Pflanzen, damit sich alles ausbreiten kann. Stauden entwickeln sich schon innerhalb weniger Wochen miteinander. Sollte dennoch eine große Lücke bleiben, können Sie entweder warten, bis sie von den Pflanzen aufgefüllt wird, oder eine andere Pflanze aus dem Garten dorthin versetzen. Frühling oder Herbst ist die beste Zeit, um eine wachsende Pflanze zu versetzen. Graben Sie ein Loch für die Pflanze und graben Sie dann die Pflanze mitsamt reichlich Erde an ihren Wurzeln aus. Setzen Sie die Pflanze in das neue Loch und gießen Sie sie gründlich.

Verwenden Sie in Ihrem Garten keine Düngemittel. Sorgen Sie lieber für einen natürlichen, gesunden Boden und lassen Sie Ihre Pflanzen sich selbst versorgen. Das macht sie gesünder und kräftiger. Pflanzen mit schlanken, fast blattlosen Stängeln und markanten Blütenformen benötigen keinen zusätzlichen Dünger oder Kompost. Dünger führt eher zu schnellem, laubigem Wuchs, der die Pflanze auslaugt und anfällig für

Schädlinge macht. Er führt auch zu weniger Blüten und schwächeren Stängeln.

Was tun gegen Schädlinge?

Die meisten Tiere sind im Garten willkommen. Sie sind Teil seines Ökosystems. Vertreiben Sie die Besucher also nicht vorschnell. Als Faustregel gilt: Die nützlichsten Insekten flitzen schneller durch den Garten und vertilgen Schädlinge, während sich Ungeziefer oft eher langsam bewegt und Pflanzen frisst. Wenn Sie sich nicht sicher sind, lassen Sie das Tier am Leben. Blattläuse sind unverkennbar und lassen sich am besten mit einem starken Wasserstrahl entfernen.

Schnecken aller Art können an Pflanzen großen Schaden anrichten. Löcher in den Blättern und abgefressene Stängel oder Keimlinge sind ein deutliches Zeichen für Schneckenbefall. Schnecken sind im Garten fast unvermeidlich und am liebsten würde man zum Schneckenkorn greifen. Schneckenkorn kann jedoch Metaldehyd und Methiocarb enthalten, Gifte, die auch nach ihrer Verwendung noch Auswirkungen haben: Wenn die vergifteten Schnecken von Vögeln gefressen werden, gelangen die Gifte in die Nahrungskette.

Hier sind einige Alternativen, die Ihre Blumen retten können, ohne unerwünschten Schaden anzurichten:

Schneckenjagd nach dem Regen

Schnecken lieben feuchtes Wetter. Gehen Sie daher nach dem Regen in den Garten. Schauen Sie unter den Blättern der Pflanzen nach Schnecken, besonders in Bodennähe, und auch in der Nähe neuer Triebe. Entfernen Sie die Schnecken – fassen Sie die Tiere bei Bedarf mit Handschuhen oder einem gefalteten Blatt an – und werfen Sie sie in einen Eimer mit Salzwasser. Man kann sie auch mit der Schere durchschneiden, wenn man sich dazu überwinden kann.

Löcher in den Blättern deuten auf Schnecken hin.

Suchtrupp mit Lampe

Schnecken sind bei Dunkelheit aktiv. Gehen Sie abends mit einer Taschenlampe hinaus und suchen Sie nach Schleimspuren. Sammeln Sie alle Schnecken, die Sie finden, und töten Sie sie in Salzwasser oder mit der Schere.

Nematoden

Diese Fadenwürmer sind ein natürliches Mittel gegen Schnecken. Es handelt sich dabei um mikroskopisch kleine Würmer, die man als

SCHNECKEN LASSEN DIESE PFLANZEN STEHEN:

Blauraute	Silberkerze
Ehrenpreis	Sterndolde
Fenchel	Storchschnabel
Katzenminze	Wiesenraute
Salbei	Ziest
Schafgarbe	alle Gräser

Pulver kaufen kann, mit Wasser vermischt und auf die Erde gießt. Die Nematoden befallen die Schnecken und halten Ihren Garten bis zu 6 Wochen lang schneckenfrei. Sie sind eine gute Wahl zu Frühlingsbeginn, wenn die Schnecken die jungen Triebe komplett abfressen und das Wachstum Ihres Gartens bremsen. Nematoden brauchen eine Bodentemperatur von mindestens 5 °C. Man kann sie online bestellen, sodass sie gleich da sind, wenn Ihr Boden die richtige Temperatur erreicht hat. Sie sind luftdicht verpackt und müssen bis zu ihrem Einsatz im Kühlschrank aufbewahrt werden.

BLUMEN, DIE NACH DEM SCHNEIDEN WIEDER BLÜHEN

Dahlie	Schafgarbe
Katzenminze	Sterndolde
Salbei	Storchschnabel

Einige Blüten verwelken schon, aber andere blühen noch gar nicht

Ein Garten befindet sich in einem ständigen Zyklus der Veränderung und jede Pflanze hat ihren eigenen Jahresrhythmus. In einem lebendigen, naturnahen Garten ist es normal, dass bunte Blüten neben markanten Fruchtständen wachsen. Das ist das Besondere an Ihrem Garten. Sie können sich zurücklehnen und alles Ihren Blumen überlassen und dennoch einen tollen Garten haben.

Wenn Sie unbedingt möchten, können Sie manche Stauden aber auch zu neuer Blüte anregen. Schneiden Sie einfach die welken Blüten ab und sie werden in voller Pracht wiederkehren. Darüber freuen sich auch bestäubende Insekten, die Blüten voller Pollen und Nektar aufsuchen, aber sich für die Fruchtstände weniger interessieren. Schneiden Sie mit der Gartenschere den gesamten Blütenkopf oberhalb einer Stelle am Stiel ab, an der ein Blatt oder Seitentrieb wächst. Wenn Sie nur die Blume entfernen, gibt es keine Nachblüte. Auf diese Weise können Sie auch frische Blumen für die Vase abschneiden.

Ab dem Spätsommer sollten Sie abgeblühte Blumen nicht mehr abschneiden, damit sich die Blütenstände in Fruchtstände verwandeln und Ihren Garten im Winter schmücken.

Lampenputzergras und Fetthenne 'Matrona'

Blauraute 'Blue Spire', Bleicher Scheinsonnenhut, Agavenblättriger Mannstreu.

Ein Garten für das ganze Jahr

Ein bunter, wilder Garten ist an jedem Tag des Jahres interessant. Der Kreislauf beginnt, wenn Sie das erste Mal Ihren Boden umgraben. Besonders bei einem kleinen Garten ist es wichtig, dass es im Winter wie im Sommer immer etwas Schönes zu sehen gibt.

Sie können mit dem Anlegen Ihres Gartens an jedem beliebigen Tag beginnen, solange der Boden nicht gefroren ist. Die ersten zwölf Monate werden ungefähr wie folgt verlaufen:

FRÜHLING

Selbst Menschen, die keinen Garten besitzen, freuen sich auf den Frühling: Die Tage werden länger und die Temperaturen steigen. Im Frühling gibt es oft noch sehr kalte, fast winterliche Tage, aber auch milde, sonnige Tage, an denen man die warme Jacke zu Hause lassen kann. Pflanzen reagieren auf das Wetter und fangen bei günstigen Bedingungen zu wachsen an. Die Mischung aus Sonne, Regen und längeren Tagen fördert ihren Wuchs. Achten Sie zu Beginn des Frühlings auf die grünen Triebe, die um die Wurzelhälse Ihrer Pflanzen sprießen. Nun können Sie die Muster Ihres Pflanzplans erkennen, was es Ihnen leichter macht, eventuell vorhandenes Unkraut zu erkennen.

Wenn die Temperatur unter der Erde steigt, beginnen sich die Wurzeln der Pflanzen auszubreiten. Die ersten Zwiebelpflanzen treiben aus, gefolgt von den ersten Stauden. Die ersten Hummelköniginnen besuchen nach der Winterruhe Ihren Garten und suchen nach Nektar, der ihnen die Energie zum Fliegen spendet. Sie finden ihn in Ihren Blumen.

Gegen Ende des Frühlings steht Ihr Garten in vollem Wuchs. Keine nackte Erde mehr!

Fruchtstände der Fetthenne.

WENN SIE IHREN GARTEN IM FRÜHLING ANLEGEN

- Die steigenden Bodentemperaturen regen den Wuchs neuer Wurzeln an.
- Im Frühling sind die Pflanzen noch kleiner und benötigen weniger Wasser, um sich einzugewöhnen.
- Die Pflanzen beginnen unmittelbar zu wachsen.
- Alle Pflanzen auf Ihrer Liste sind im Handel wahrscheinlich noch erhältlich, beliebte Pflanzen noch nicht ausverkauft.
- Alle Pflanzen entwickeln sich von Anfang an gut miteinander.

SOMMER

Im Sommer ist der Garten ein Kaleidoskop der Formen. Alles steht in voller Blüte und breitet sich aus. Dolden mischen sich unter Tupfen, Kerzen streben in die Höhe. Bienen und Schwebfliegen tummeln sich im Garten, gefolgt von Florfliegen, Marienkäfern und verschiedensten Schmetterlingsarten.

Im Hochsommer beginnt bei Pflanzen wie dem Lauch eine neue Lebensphase: die ersten Fruchtstände erscheinen. Unterhalb der Blütenköpfe verdichten sich die Ziergräser.

HERBST

Wenn das Wetter kälter wird, werden auch die Farben im Garten gedämpfter. Blütenblätter fallen ab, Fruchtstände bleiben stehen.

Die nährstoffarme Erde hat die Stängel stabil gemacht. Die Blütenstandsformen sind klar umrissen: Tupfen, Sterne, Ähren und Quirle. In den hohlen Stängeln überwintern Kleintiere.

Kartäuser-Nelke, Ruthenische Kugeldistel, Chinaschilf und Riesen-Federgras.

WENN SIE IHREN GARTEN IM SOMMER ANLEGEN

- Die Pflanzen im Handel blühen gerade und Sie können sie in voller Pracht sehen.
- Vor dem Kauf können Sie die Pflanzen in ihren Töpfen nebeneinanderstellen und einen Eindruck erhalten, wie die Kombination wirkt.
- Sie können sich besser vorstellen, wie Ihr Garten einmal aussehen wird.
- Die Pflanzen sind schon größer und halten Schnecken besser stand.

WENN SIE IHREN GARTEN IM HERBST ANLEGEN

- Die Pflanzen wachsen langsamer und benötigen daher weniger Wasser, um sich einzugewöhnen.
- Pflanzen, die sich selbst aussäen – wie etwa das Eisenkraut oder die Nelke – verteilen vielleicht schon ihre Samen.
- Blumenzwiebeln können jetzt schon eingepflanzt werden.

Spinnen knüpfen ihre Netze und Marienkäfer verkriechen sich in den Fruchtständen der Doldenblütler vor dem Frost.

WINTER

Die Gräser bleichen aus, Fruchtstände werden hart und schwarz. Als stilisierte Abbilder der vergangenen Blütenstände schmücken sie den Garten, der nun gedeckte Farben trägt. Der Frost lässt die Fruchtstände glitzern und betont ihre Formen. Auch an eisigen Tagen lohnt sich ein Abstecher in Ihren Garten. Wenn es schneit, verwandeln sich Ihre Pflanzen in weiße Kuppeln. In der kalten Jahreszeit schützen die Stängel und Fruchtstände die unterirdischen Teile der Pflanzen. Denn Kälte und Nässe können den Wurzelhälsen schaden.

Trotz der kurzen, dunklen Tage und eisigen Temperaturen ist der Winter eine Zeit der Erneuerung. Die Kälte bereitet den Garten schon auf den neuen Wachstumszyklus vor.

WENN SIE IHREN GARTEN IM WINTER ANLEGEN

- Winter ist die beste Zeit, um neue Beete anzulegen.
- Der Frost lockert schwere Böden auf, bevor Sie Ihre Pflanzen setzen.
- Einen trüben Wintertag verbringt man am besten mit dem Erstellen von Pflanzplan und Pflanzenliste.

Pflanzen, die in nährstoffarmen Böden wachsen, entwickeln robuste Fruchtstände und Stängel, die selbst im kältesten Winter standhaft bleiben.

Wenn die Stauden Ihres wilden Gartens erst einmal gepflanzt sind, werden sie mit jedem Jahr größer und stärker.

Nach dem ersten Jahr

Ein Garten, in dem die Pflanzen im Einklang miteinander wachsen, erhält sich selbst.

Auch wenn Ihr Garten in einem Jahr fertig angelegt ist, wird er sich natürlich weiterhin entwickeln. Die mehrjährigen Stauden werden jedes Jahr aufs Neue wachsen, ohne dass Sie etwas dazu beitragen müssen. Sie müssen sie nicht durch neue Pflanzen ersetzen und im Winter nicht vor dem Frost schützen. Sie müssen sie auch nicht nach komplizierten Regeln stutzen oder auslichten, damit sie wieder blühen. Und Sie müssen sie nicht düngen. Die Pflanzen werden einfach nach den Gesetzen der Natur weiterwachsen.

Die Zwiebelpflanzen, die im Frühling treiben, ernähren sich mithilfe der Fotosynthese in den Blättern. Selbst spätere Blüher wie der Zierlauch bilden ihre Blätter schon früh aus, damit sie nicht mit anderen Pflanzen um die Ressourcen wetteifern müssen. Kurzlebigere Stauden wie das Eisenkraut säen sich selbst aus, sodass Sie immer den gleichen Pflanzenmix im Garten haben.

Pflanzen mit vielen dünnen Wurzeln wie Witwenblumen, Salbei und Blauraute werden jedes Jahr größer. Da sie aber nur aus ihrem Wurzelhals austreiben, breiten sie sich nicht zur Seite aus. So nehmen sie anderen Pflanzen nicht den Platz weg und tauchen auch nicht an Stellen auf, wo sie entfernt werden müssen. Pflanzen mit Pfahlwurzeln, wie der Mannstreu und der Fenchel, werden in den folgenden Jahren größer und fallen stärker auf. Aber auch sie wachsen nur in die Höhe und tragen mehr Blüten, ohne sich auszubreiten. Pflanzen wie Anemonen und Gräser, deren Wurzeln knapp unter der Erdoberfläche in die Seite wachsen, füllen Lücken mit neuen Trieben, Blättern und Blüten. Jedes Jahr werden Ihre Pflanzen stärker miteinander verschmelzen, kräftiger blühen und Ihnen immer mehr Freude bringen. Da sie dicht aneinander stehen, nimmt keine Pflanze Überhand.

Wie in der Natur werden sich auch in Ihrem Garten die Pflanzen zu ihren Gunsten anpassen. Einige werden sich näher an die Sonne bewegen, andere werden sich neu aussäen, sobald sie einen besseren Platz finden. Das Brandkraut wird um mehr Platz drängeln und der Sonnenhut wird so hoch und schnell wie möglich wachsen, um als Erster einen Bestäuber anzulocken. Der Knöterich wird den Boden bedecken, um andere Pflanzen auf Distanz zu halten. Jede Pflanze sorgt für ihren eigenen Vorteil, aber auch für das ganze Ökosystem.

Ein Garten voller Pflanzen, die miteinander harmonieren, wird nicht viel Unterstützung von Ihnen brauchen. Schneiden Sie ihn nur einmal im Frühling zurück und er wird alles andere für Sie übernehmen – Jahr für Jahr.

Blütenkalender

Um die Pflanzen ideal miteinander kombinieren zu können, sollte man wissen, wann sie blühen und wie lange sie Fruchtstände tragen.

B = Blüte
F = Fruchtstand

Die Kugeldistel blüht noch, wenn andere Stauden schon ihre Fruchtstände tragen.

	Hochwinter (Jan.)	**Spätwinter** (Feb.)	**Vorfrühling** (März)
DOLDEN			
Fenchel			
Kerbel	F	F	F
Mannstreu	F	F	F
Mathiasella	F	F	F
Sterndolde	F	F	F
KERZEN			
Blauraute	F	F	F
Brandkraut	F	F	F
Duftnessel	F	F	F
Ehrenpreis	F	F	
Katzenminze			
Knöterich			
Salbei	F	F	F
Silberkerze	F	F	F
Ziest	F	F	F
TUPFEN			
Anemone	F	F	F
Kratzdistel			
Kugeldistel	F	F	F
Nelke	F	F	F
Scheinsonnenhut	F	F	F
Sonnenbraut	F	F	
Sonnenhut	F	F	F
Storchschnabel			
Witwenblume	F	F	F
SCHIRMRISPEN			
Fetthenne	F	F	F
Oregano	F	F	F
Schafgarbe	F		
RISPEN			
Eisenkraut	F	F	F
Wiesenknopf	F	F	
Wiesenraute			
GRÄSER			
Chinaschilf	F	F	F
Federgras			
Lampenputzergras			
Rasen-Schmiele	F	F	F
Ruten-Hirse	F		
Pfeifengras	F		
Zittergras			
ZWIEBELPFLANZEN			
Dahlie			
Honiglauch			
Lauch			
Tulpe			

Mittfrühling (Apr.)	**Spätfrühling** (Mai)	**Frühsommer** (Juni)	**Hochsommer** (Juli)	**Spätsommer** (Aug.)	**Frühherbst** (Sept.)	**Vollherbst** (Okt.)	**Spätherbst** (Nov.)	**Frühwinter** (Dez.)
			B	B	F	F	F	F
	B	B	F	F	F	F	F	F
		B	B	B	F	F	F	F
	B	B	B	F	F	F	F	F
	B	B	B	B	B	F	F	F
			B	B	B	B	F	F
B	B	B	B	B	F	F	F	F
			B	B	B	B	F	F
			B	B	B	F	F	F
		B	B	B	B	B	F	
			B	B	B	B		
		B	B	B	B	B	F	F
					B	B	F	F
		B	B	B	B	F	F	F
				B	B	B	B	F
		B	B	B	B	F		
				B	F	F	F	F
		B	B	B	B	F	F	F
		B	B	B	B	F	F	F
		B	B	B	F	F	F	F
				B	B	B	F	F
	B	B	B	B	B	B		
			B	B	B	F	F	F
				B	B	B	F	F
		B	B	B	B	F	F	F
		B	B	B	F	F	F	F
	B	B	B	B	B	F	F	F
		B	B	B	B	F	F	F
		B	B	B				
				B	B	F	F	F
		B	B	F	F	F	F	F
			B	B	B	F	F	F
		B	B	B	F	F	F	F
				B	B	F	F	F
			B	B	F	F	F	F
	B	B	B	F	F	F	F	F
				B	B	B	B	
	B	B	F	F				
		B	F	F	F	F	F	F
	B							

Typen von Pflanzen

PFLANZEN ZUM HINDURCHGUCKEN
Deschampsia cespitosa 'Goldtau'
Knautia macedonica
Panicum virgatum 'Shenandoah'
Sanguisorba officinalis 'Red Buttons'
Stipa gigantea
Verbena bonariensis
Verbena rigida

BLÜHEN MINDESTENS 10 WOCHEN
Anemone hupehensis var. *japonica* 'Pamina'
Astrantia spp.
Echinacea pallida
Helenium 'Moerheim Beauty'
Knautia macedonica
Nepeta racemosa 'Walker's Low'
Perovskia 'Blue Spire'
Persicaria amplexicaulis 'September Spires'
Sanguisorba officinalis 'Red Buttons'

LEUCHTENDE FARBEN
Allium hollandicum 'Purple Sensation'
Astrantia major 'Claret'
Dahlia 'Roxy'
Dianthus carthusianorum
Knautia macedonica
Rudbeckia triloba
Salvia nemorosa 'Caradonna'

BEI BIENEN BELIEBT
Achillea (Gattung)
Eryngium × tripartitum
Geranium 'Brookside'
Knautia macedonica
Nepeta racemosa 'Walker's Low'
Origanum 'Rosenkuppel'
Perovskia 'Blue Spire'
Sedum 'Matrona'
Salvia nemorosa 'Caradonna'
Salvia × sylvestris 'Viola Klose'

HÖHERE GRÄSER
Deschampsia cespitosa 'Goldtau'
Miscanthus sinensis
Panicum virgatum 'Shenandoah'
Stipa gigantea

KÜRZERE GRÄSER
Briza media 'Golden Bee'
Stipa tenuissima

SPÄTBLÜHER
Actaea simplex 'James Compton'
Anemone × hybrida 'Honorine Jobert'
Dahlia 'Roxy'
Persicaria amplexicaulis 'Orange Field'
Sedum 'Matrona'

WINTERZUFLUCHT FÜR INSEKTEN
Agastache 'Blackadder'
Astrantia (Gattung)
Eryngium (Gattung)
Foeniculum vulgare 'Purpureum'
Mathiasella bupleuroides 'Green Dream'

DIE SCHÖNSTEN FRUCHTSTÄNDE
Agastache 'Blackadder'
Allium cristophii
Allium schubertii
Echinacea purpurea
Foeniculum vulgare 'Purpureum'
Knautia macedonica
Phlomis russeliana
Rudbeckia occidentalis
Sedum tetractinum 'Coral Reef'

Höhe der Pflanzen

hoch (höher als 120 cm)	**mittel** (60–120 cm)	**niedrig** (kleiner als 60 cm)
Anemone	*Brandkraut*	*Nelke*
Bibernelle	*Duftnessel*	*Storchschnabel*
Blauraute	*Fetthenne*	*Tulpe*
Dahlie	*Katzenminze*	*Ziest*
Ehrenpreis	*Kugeldistel*	
Eisenkraut	*Lauch*	
Fenchel	*Mathiasella*	
Knöterich	*Salbei*	
Kratzdistel	*Schafgarbe*	
Mannstreu	*Scheinsonnenhut*	
Silberkerze	*Sonnenbraut*	
Witwenblume	*Sonnenhut*	
	Sterndolde	
	Wiesenraute	
GRÄSER		
Chinaschilf	*Lampenputzergras*	*Federgras*
Pfeifengras	*Rasen-Schmiele*	*Zittergras*
	Ruten-Hirse	

Zwischen kräftigeren Pflanzen sorgen wogende Gräser für Kontrast und Bewegung.

BEZUGSQUELLEN

GÄRTNEREIEN

Alle Pflanzen in diesem Buch sind leicht erhältlich. Ich kaufe am liebsten bei kleinen, unabhängigen Gärtnereien, die sich auf Stauden spezialisieren. Dort werden die Pflanzen für gewöhnlich von den Züchtern selbst verkauft. Viele dieser kleinen Gärtnereien haben ihren eigenen Staudengarten, der Ihnen bei Ihrem Besuch vielleicht ein paar Ideen liefert. Im Folgenden finden Sie einige empfehlenswerte Gärtnereien. Es lohnt sich, vor einem Besuch die Gärtnerei zu kontaktieren, um Ihre gewünschten Pflanzen vorzubestellen. So können die Gärtner alles im Voraus besorgen und bereitstellen, sodass Sie die Pflanzen dann direkt mitnehmen können. Manche Gärtnereien haben auch einen Online-Shop und viele liefern Ihnen die Pflanzen gegen einen geringen Aufpreis nach Hause.

Auch die großen Gartencenter verkaufen Stauden. Die Auswahl ist jedoch meist eher bescheiden.

ALLGÄUSTAUDEN GBR
Schmidsfelden 6
88299 Leutkirch
www.allgaeustauden.de

ARENDS STAUDENGÄRTNEREI
Monschaustr. 76
42369 Wuppertal-Ronsdorf
www.anja-maubach.de

BAUMSCHULE HORSTMANN
Bergstraße 5
25582 Hohenaspe
www.baumschule-horstmann.de

BAUMSCHULE LORENZ VON EHREN
Maldfelstraße 4
21077 Hamburg
www.lve-baumschule.de

BIOGARTENVERSAND HOF JEEBEL/ALTMARK
Jeebel 17
29410 Salzwedel OT Jeebel
www.biogartenversand.de

BIO-SAATGUT GABY KRAUTKRÄMER
Weingartenstr. 58
97252 Frickenhausen am Main
www.bio-saatgut.de

BLUMENZWIEBELVERSAND
Bernd Schober
Stätzlinger Str. 94a
86165 Augsburg
www.der-blumenzwiebelversand.de

DIE STAUDENGÄRTNEREI, TILL HOFFMANN
Beerfeldener Str. 28
69483 Affolterbach
www.die-staudengaertnerei.de

EGGERT PFLANZENHANDEL
Baumschulenweg 2
25594 Vaale
www.eggert-baumschulen.de

FOERSTER STAUDEN
Am Raubfang 6
14469 Potsdam-Bornim
www.foerster-stauden.de

GÄRTNEREI NATURWUCHS
Bardenhorst 15
33739 Bielefeld
www.garden-shopping.de

GÄRTNEREI STRICKLER
Lochgasse 1
55232 Alzey-Heimersheim
www.gaertnerei-strickler.de

JELITTO STAUDENSAMEN
Am Toggraben 3
29690 Schwarmstedt
www.jelitto.com

PFLANZENHOF SCHACHTSCHNEIDER
In den Bergen 37-39
27801 Dötlingen-Aschenstedt
www.schachtschneider.com

RÜHLEMANN´S KRÄUTER & DUFTPFLANZEN
Auf dem Berg 2
27367 Horstedt
www.kraeuter-und-duftpflanzen.de

SARASTRO-STAUDEN
4974 Ort im Innkreis 131
Österreich
www.sarastro-stauden.com

STAUDENGÄRTNEREI ALLERLEI SELTENES, SUSANNE PETERS
Auf dem Flidd 20
25436 Uetersen
www.alpine-peters.de

STAUDENKULTUREN STADE
Beckenstrang 24
46325 Borken-Marbeck
www.stauden-stade.de

TEMPLINER KRÄUTERGARTEN
Elsternest 1
17268 Templin
www.templiner-kraeuter-garten.de

GARTENZUBEHÖR

BLICKFANG: ALTE ZEITEN
Marienstr. 4
72131 Ofterdingen

GARTENZAUBER, KATJA HILDEBRANDT
24623 Großenaspe
www.shopgartenzauber.com

WARD GARTENBEDARF
Ottobeurerstr. 46a
87733 Markt Rettenbach
www.gartenbedarf-versand.de

DANK

Vielen Dank an Jo Christian, die Verlegerin von Pimpernel Press, die *Von Null auf Garten* von Anfang an förderte und den Entstehungsprozess mit sanfter Hand leitete. Danke auch an Gail Lynch und Emma O'Bryen von Pimpernel.

Dank an Jason Ingram, einen unglaublichen Fotografen. Du bist spitze. Dank an Becky Clarke für ihre tollen Bilder und wunderschönen Seiten. Vielen Dank an euch beide.

Dank an Alice Workman, von Hauser & Wirth Somerset, die mich mit freundlicher Genehmigung von Piet Oudolf außerhalb der Besuchszeiten auf das Oudolf Field ließ.

Dank an Lady Legard und den leitenden Gärtner Paul Smith vom Scampston Walled Garden in Malton, die mich im tiefsten Winter und mitten im Sommer in den Garten ließen.

Dank an Kim und Stephen Rogers von Dove Cottage Garden & Nursery in Halifax. Die Gärtnerei ist großartig und der Garten wunderschön. Vielen Dank!

Dank an Katherine Hewitt, Ian Armstrong, Julie Coulten, Louise Young, Peter Young, June Smith-Sheppard und Fiona Cumberpatch, die alle gleichermaßen großzügig, freundlich und hilfsbereit waren.

Ganz besonderen Dank aber an meine Mama Anne, an Bill und an die große Schwester Victoria. Ohne euch hätte ich dieses Buch nie schreiben können.

REGISTER

Fett gedruckte Seitenzahlen beziehen sich auf den Hauptverweis, *kursive* Zahlen auf Bilder.

Impressum

Bibliografische Information der Deutschen Nationalbibliothek
Die Deutsche Nationalbibliothek verzeichnet diese Publikation in der Deutschen Nationalbibliografie; detaillierte bibliografische Daten sind im Internet über
http://dnb.d-nb.de abrufbar.

Wollgrasweg 41, 70599 Stuttgart (Hohenheim)
E-Mail: info@ulmer.de
Internet: www.ulmer.de
Übersetzung: Nina Kavelar
Produktionsbetreuung: Print Company Verlagsges.m.b.H., Wien
Umschlagentwurf und Innenlayout: Becky Clarke
Druck und Bindung: C&C Offset Printing Co., Ltd, Hong Kong
Printed in China

ISBN 978-3-8186-0342-7

Fruchtstand des Bleichen Scheinsonnenhuts, dahinter Federgras.